桥梁

解放『忙』老板
唤醒『懒』员工

陆中浪　小刀◎著

中国财富出版社

图书在版编目（CIP）数据

桥梁：解放“忙”老板 唤醒“懒”员工 / 陆中浪，小刀著 . —北京：中国财富出版社，2015. 9

ISBN 978 - 7 - 5047 - 5866 - 8

Ⅰ. ①桥… Ⅱ. ①陆… ②小… Ⅲ. ①企业管理—通俗读物 Ⅳ. ①F270 - 49

中国版本图书馆 CIP 数据核字（2015）第 214778 号

策划编辑	范虹轶	**责任编辑**	邢有涛 单元花		
责任印制	方朋远	**责任校对**	饶莉莉	**责任发行**	邢有涛

出版发行	中国财富出版社		
社　　址	北京市丰台区南四环西路 188 号 5 区 20 楼	**邮政编码**	100070
电　　话	010 - 52227568（发行部）		010 - 52227588 转 307（总编室）
	010 - 68589540（读者服务部）		010 - 52227588 转 305（质检部）
网　　址	http://www.cfpress.com.cn		
经　　销	新华书店		
印　　刷	北京京都六环印刷厂		
书　　号	ISBN 978 - 7 - 5047 - 5866 - 8/F · 2463		
开　　本	710mm × 1000mm　1/16	**版　　次**	2015 年 9 月第 1 版
印　　张	13. 25	**印　　次**	2015 年 9 月第 1 次印刷
字　　数	190 千字	**定　　价**	42. 00 元

一颗生命的种子，只要有爱，只要有梦，无论到哪里，落地就会生根，生根就会发芽，发芽就会成长——成长，不断地自我成长！

于是，一棵幼苗长大后就成了大树；唯有大树，才能成为勇担重任的桥梁！

只有独木成材，大树成林，才有让帮所有人实现梦想的想法变成现实的可能。

这个世界上的成功理论有许多种，而“桥梁文化”无疑是最基础的做人修炼法则和职场成功之道。

无论有过多少挫折，无论还有多少考验，心若在，梦就在。

永远别忘了随时随地问自己一句话：我是一种正能量的“桥梁”吗？

——题记

企业老总该如何选好“桥梁”

从古至今，各个领域的成功人士之所以取得成功，是因为他们拥有一个或多个卓越的“桥梁”。无论是曾经叱咤风云的政界领袖，还是现代深具影响力的商界精英，大多拥有一个或多个卓越的“桥梁”。

就拿如今的商界来说，海尔的张瑞敏有个“桥梁”——杨绵绵；阿里巴巴的马云有个“桥梁”——彭蕾；索尼的盛田昭夫有个“桥梁”——深井；联想的柳传志有个“桥梁”——李勤；万科的王石有个“桥梁”——郁亮……

可以说，优秀的企业老总大都会有一个或者多个“桥梁”。正是在与这些“桥梁”的协作下，企业老总才取得了非凡的成就。

序
世界上没有偶然的成功

如今，SHOWMIN（公司名）集团董事局主席 Jacky Lu（本书第一作者陆中浪的英文名——编辑注）先生不但成了名副其实的“空中飞人”，经常往来穿梭于国际国内各大城市，推进他十几年前就规划好的美丽事业版图；同时，因为校企联盟、ZLSDC 私理会（中浪集团战略发展私人理事会、简称 ZLSDC 私理会）、中国国际形象节、亚洲美妆师节、世界美业大会、淘商学院、淘点赞 O2O（指线下商务与互联网结合）电商平台等令业界瞩目的项目裂变，他也成了很多投资商、媒体、企业代表和无数年轻人追逐热捧的“创富名人”。

在 Jacky Lu 的心中，关于梦想、成功、创业、合伙、价值，有着自己清晰的认知并多年坚定的实践。

无论是在面对创业征途中艰难险阻的孤寂摸索岁月，还是在鲜花掌声潮水般涌来的所谓“辉煌顶峰”，这个永远激情洋溢、睿智坚定的追梦人始终忠诚于自己的梦想，那就是：帮助所有人实现梦想！

此刻，在这家酒店的总统套房里，在刚刚为近 2000 名年轻人激情演讲“智慧创富与整合之道——用梦想点燃创业之旅”两个小时后，Jacky Lu 端起一杯热茶，视线穿过落地窗望向这个国际大都市璀璨的夜空。

稍有空闲，Jacky Lu 会习惯性地陷入沉思，总结过往，规划接下来的行进路程。

而今夜，那一双双燃烧着梦想的年轻的眼神，更易穿透了这个中年男子心底的梦与艰难、爱与欢笑。

于是，Jacky Lu 借这个难得的夜晚，安静下来，仔细梳理自己奋斗打拼的岁月，尝试着把无数偶发的、散落的成长感悟、成功修炼、梦想实现的点点星光，用爱与智慧串联成生命精彩夺目的天空，辉映着这个世界……

小　刀

2015 年 7 月

前 言

由于作者是投资者，又在很多社会组织中担任职务，所以在市场实践中接触到了许多各行各业的老板，他发现了一个比较普遍的问题：不少老板压力大，身心疲惫，每天忙忙碌碌、马不停蹄，大事小事事必躬亲，操劳过多，为了企业的生存和发展不惜废寝忘食，加班加点辛苦工作。遗憾的是，就是这样多年如一日的全身心地为事业打拼还可能被指责不是"好"老板，没有管理水平。这种不可承受之重压正在严重威胁着老板们的身心健康，以致从现实中和媒体中时而传出某企业老板英年早逝的消息，这是多么的可叹、可悲、可惜！

也有很多老板辛辛苦苦创业，把企业经营到一定的阶段了，但是却无法突破发展瓶颈，似乎自己成了被工作绑架的赚钱机器，无法自主安排时间，无法实现财富自由和心灵自由，然后做自己喜欢的、有价值的事情，追求个人的幸福快乐。而这一切不如意的发生，主要是因为这些老板习惯了英雄般地拼命往前冲，只是自己在操心、卖力，而大多数员工却无法被企业文化与奋斗的价值观所感染和激励，他们自得清闲，被动打工，彼此都辜负了这伟大的、自己最好的创业时代。

《桥梁》这本书就是要用自利利他的"桥梁文化"，来贯通老板与员工的思想，激活中层领导的主观能动性，让所有员工都争着做老板的"左膀”与“右臂”，学会当家做主、全力以赴为企业操心，为成功而主动奋斗，从而让老板得以解脱，能够做自己想做的事情。

《桥梁》这本书告诉我们：老板的最高境界，就是发自内心成就员工的梦想，帮助员工实现梦想！“老板创业就是搭建一个平台，帮助员工实现梦想的同时，顺便实现自己的梦想。”而恰恰是当老板成就了员工的梦想，自己想要实现的梦想也就水到渠成了。如果光想着自己的梦想，没有发自内心成就员工的梦想，自己想要的反而越来越遥远！

凡是有智慧的老板都是具有成事之心和成人之心，并快速打造自己智慧桥梁的老板！

目 录

上篇 独木成材，才有未来

上篇

独木成材，才有未来

企业管理的核心就是管人，
管人的最高境界就是自己管自己。
帮每一棵小树长大成材，
帮每一个员工成为老板。

第一章　“栋梁”的种子——在心里首先要有一棵大树

有爱的地方就有希望

在很多年前的一个大年三十的晚上，有户人家的门前站满了人。

虽然那是个美好喜庆的节日，那些人脸上可没有挂着笑容，因为他们都是来讨债的人。

原来，这家男主人出外做生意向他们借了钱，但这次生意因发生意外，失败了。

都是普通百姓人家，都不容易，吵吵闹闹了一会儿，债主们陆续走了。

债主暂时走了，债却不会自己走，包括人们为了生活欠下的感情债。

正所谓“贫贱夫妻百事哀”。因为外面的债务的压力，也因为平日积累的矛盾，于是，在这个本该喜气洋洋的大年夜，这对夫妇开始争吵起来。

随着双方越来越激烈地争吵，这个家庭最小的男孩哭了，哭声显得那么无奈和无助。

别人家的孩子高高兴兴地穿着新衣服，拿着新玩具准备过年，小男孩的家里却连过节的食物都没有，更可怕的是，因为爸爸妈妈的争吵使得家里一点过节的喜庆气氛也没有……在小男孩的眼里，这可真是一个绝望悲伤的时刻。

庆幸的是，命运就在此刻出现了转机：一串欢快的敲门声在耳边响起。

毕竟这是个特殊的日子，小男孩的妈妈赶紧停止吵闹，擦擦眼泪，打开家门，原来是同村一个大妈带着满脸的笑容出现在眼前。她手里拿的不是欠条，而是端着一个大盆，里面装着各种各样过节吃的好东西。

一家人都愣住了，不知道是怎么一回事。

大妈亲切地说："过年了，怎么能不让孩子吃好喝好呢？快点接过去，年三十这饭桌上可不能空着啊！"

开始，这家的女主人还在极力推辞，不肯接受这份暖暖的心意。

可是大妈快言快语："都是乡里乡亲的，客气什么！今天好好过节，明天开始日子就好啦！"

一边说着话，大妈一边把装满东西的大盆搁在桌上，然后转身就走，还不忘回头说了一句话："过年好！"

虽然那只是一个小小的关怀，虽然大妈没有多说几句话，但是这善良的举动和慈爱的表情却温暖了那个原本冷清绝望的大年夜。

就在那一刻，这个小男孩的生命变得不同。小男孩的内心，因为这份关心而不再孤苦晦暗，他渐渐懂得了人间自有真情在，爱会帮助人们克服一切困难，他发誓日后也要以同样方式去帮助其他需要帮助的人。

人与人之间的善良与关爱就像一束冬日暖阳，照亮了小男孩的心，也照亮了他未来的人生道路。

从此以后，面对这个过分贫困艰难的家，男孩子不再抱怨和沮丧，而是尝试着用尚显稚嫩的肩膀扛起了生活的担子。他努力学习，勤奋上进，挤出课余时间帮家里做家务，打扫卫生，甚至到村里找零工做，虽然挣不到多少钱，但是爸爸妈妈却感到很欣慰，家里逐渐也有了笑声。

“栋梁”的种子——凌云之志从脚下开始

小男孩最初的故事，让人唏嘘，更引人深思。

生命就像一棵充满无限可能的大树，向上成长是每棵树的主旋律。

认知产生行为，行为形成习惯，习惯造就性格，性格决定命运，命运造就人生。

生命是一件需要自我负责的事情，一个人是否能长成参天大树，主要取决于自己的志向和追求。一个人如果在小的时候不去点燃自己生命中的激情，不去立下鸿鹄之志，那么长大了以后，怎么能够去成就一番轰轰烈烈的事业呢?

在人生出发的起点，想明白自己要做一个什么人，要走什么样的道路，那么，这个人在起跑的阶段就已经遥遥领先。是的，志向远大才有英雄气概，才不容易被一些小得小失所烦恼，同时也不会轻易浪费宝贵的时间。

如果不想仅仅做一棵角落里的小草，那么，从今天开始，把自己当作了不起的“栋梁”吧！

他日的栋梁都是因为种子本身就是参天大树，未来成功的人从小就有不同凡响的梦想！

一个人想要改变命运，想要活出精彩，只有在清醒的基础上，早立志，立大志，尽早准确锁定生命的罗盘，运用最先进的导航，选定适合自己的生命航线，开足马力，大步前进！

万丈高楼平地起，让我们从点滴小事开始，心中有梦想，肩上有责任，行动有力量，全力以赴地去学习，去工作，去奉献，才能收获人生的精彩，无愧于来世一场！

28岁以前赚到500万元的目标

我们接下来继续看这个小男孩的故事。

那个春节刚过，小男孩的父亲就开始生病了。

对于这么一个穷得可怜的家庭来说，男主人生病无疑是雪上加霜，虽有亲友救济、帮助，但最终这家男主人还是因没钱看病，黯然去世了。

目睹父亲生病到离世整个过程，小男孩没有流泪，只是默默地帮妈妈做力所能及的事，想尽办法为这个家庭分忧解难。

如果一个男孩子思考了父亲的死，他就会开始成长为一个真正的男人！

一个男人如果不能挣到钱，怎么给自己的家人一个温暖的家？

一个男人如果不能奉献爱，怎么帮助有需要的人克服生活的困难？

一个男人，必须要像一棵树一样茁壮成长，必须要长成参天大树！

只有参天大树才能抵挡风雨的袭击，只有参天大树才能带给人更多阴凉！

于是，小男孩发誓日后一定要自强不息，一定要脱离贫穷，一定要去帮助其他有需要的人。

光阴荏苒，岁月如梭。就在这个男孩子还在学校读书的时候，他就开始思考怎样才能摆脱贫困，怎样才能获得成功。

也许是不愿因自己上学读书的费用拖累本就贫寒的家庭，也许是发觉在学校得不到他想要的东西——赚钱成功的课程，这个男孩子从18岁时就开始一个人研究如何赚钱。

那年春天，男孩问了妈妈一个问题：“怎样才能在28岁以前赚到500万元？”

他妈妈听到500万元这个数字，吓了一跳："不可能！我一辈子连5万元都没有赚到。你这么年轻，想赚500万元？不可能！"

当时，男孩子听到他妈妈说"不可能"这3个字，非常不服气，就问他妈妈："为什么不可能？"

他妈妈说："因为你性格太内向，身体很一般，学习成绩也不是太好。再说，咱家没钱没势，你将来要是能到工厂里面做一个普通的工人，能够挣钱养家糊口就不错了。你是咱们老百姓的孩子，怎么能挣到500万元？"

听到妈妈说这些话，男孩子非常不甘心，就下定决心：一定要改变自己的命运！

于是，那年他做了一件非常重要的事，就是跑到书店买了一大堆教人如何成功致富的书带回家看，同时不断尝试各种勤工俭学的途径，为家里分忧解难。

男孩子每天看书看到凌晨两三点钟，大量学习亿万富翁成功致富的秘诀和方法，他要从书中学习能让自己在28岁以前赚到500万元的方法和经验。

大量的阅读和实践，让男孩子对生活和金钱的理解越来越丰富，越来越深刻，他的人生开始发生了非常大的变化。

不做内心世界的"井底之蛙"

知识的累积，让这个男孩子向往外面的世界，不再做"井底之蛙"！

一只青蛙在井底的时候，它认为井底是非常大的，那个井底就是全部世界。当外边来的青蛙告诉它说，有一个很大很大的天地就在井边，只要你跳出来就可以看到。但是，这个从小到大生活在井底的青蛙就是不相信外面还有更广阔的世界。它认为，我的井底已经够大了，不可能再有更大的地方。因为眼界就这么大，这只青蛙拒绝了外面广阔的美丽世界。

其实，我们人何尝不是如此呢？每个人，都可能有一个无形但有限的认知的“井底”。

事实上，已经有研究机构发现：一两岁的孩子普遍具有非凡的创造力和想象力。但是，十年以后，人们再去对这些孩子进行测验的时候，发现他们的想象力和创造力非常明显地退步了。什么原因呢？是家长长时间对孩子自信心和想象力的破坏把他们的创造力和想象力毁掉了！家长指责抱怨、恐吓等破坏性的批评，形成了看不见但是真实存在的“井底”，孩子们就逐渐成为了可怜的“井底之蛙”。据说，小孩子平均一年大概“遭受”两万次这样的破坏性批评。

还有一个“跳蚤的天花板”的故事。

一个蛮有活力的跳蚤，本来可以跳得很远。在实验的时候，把它放在一个玻璃箱里面，一拍它，它本能的一跳，弹到玻璃顶上，撞得头破血流。然后，再一拍，又碰得头破血流，结果，慢慢地它适应了，再拍它的时候，就不会再用全力去跳了。这个实验重复很多次，后来这个跳蚤就适应了所谓的“玻璃顶”，即便实验者把这个玻璃箱拿掉以后，再怎么拍它，它也永远会停留在所谓的玻璃天花板之下，不会往上跳了。

这个跳蚤带给我们很多启示：一个人的内在认知会直接影响他的外在世界，很多时候不是我们不能成功，而是心里的失败阴影把自己耽误了。

当我们被内在的自我认知与评判束缚以后，就发现慢慢的我们变得不再自信，不敢做梦，也就是心量变小了。心量越来越小，我们对世界的认识就越来越小，所以，我们的内在就越来越封闭，外在成就也就越来越小，这是一个可怕的恶性循环。

你认为看到的东西，就是现实，你没有看到的东西就不是现实，为什么你能看到，别人看不到？每个人的发展，都是用他能够看到的东西，作为现实的。其实，发生的事情，一定是你看到的，都是你心里想看到的东西，才会出现。

认为自己没有能力，你永远没有能力；认为自己有能力，你就会向自己相信的能力去发展。

这个男孩子的内心世界正在发生质的变化。

做一个受欢迎的人比会干活更重要

在勤奋阅读学习的基础上，通过大量的社会实践，男孩子得到了一个与此前接触到的完全不同的观念，一个什么样的观念呢？那就是：人际沟通比专业知识更重要。一个人的成就85%取决于人际沟通，15%决定于专业知识。懂得了这一点，是男孩子人生最重要的转折点。

有些人专业知识很丰富，学历也很高，但是因为不会沟通、不会交朋友、不会帮助别人实现价值，结果身边的人不是很喜欢他，这个人也就只能在工厂里面当一个普通的技术人员。

生活中这种人太多了，最近网上流传的留美女博士被遣返就是一个活生生的例子，她自己说除了学习啥也不会。

生活中有的人学历不高，知识也不丰富，但是很会交朋友，很多人都喜欢他，他的沟通能力很强，这样的人却赚了大钱，这样的例子可以说不胜枚举。为什么会这样呢？因为每个人都喜欢那些阳光热情、善于沟通、乐于助人的人。既然走到哪里都受欢迎，这样的人肯定机会就很多，随之而来的一定是更容易成功！

懂得了这个成功的奥秘，发现一个人的性格对成功很重要以后，男孩子就开始审视自己的性格。

他发现自己有两个缺点：一是学习成绩不好，二是性格内向害羞。

学习成绩不好已经成了过去式，这个缺点无法改变。

男孩子发誓一定改变他性格中内向害羞、不善沟通这个问题。

于是，在18岁的时候，他就开始参加各式各样的培训，后来条件好些又不断参加世界上最顶尖的关于沟通、演讲、成功的培训。通过大量学习，男孩不仅学到大量的理论知识，更加明白成功之道仅仅是头脑里知道还不行，必须要实践，“知道+做到=得到”！

所以，他不断在生活中把学到的东西灵活运用，主动创造机会学习训练，主动尝试改变，并且明白了“先予后取”的道理。男孩子发现，越是真诚地向别人请教，越是热情地为别人做事情，自己从中得到的收获的就更多。即便在自己没有金钱的时候，只要肯多付出微笑、赞美、勤奋和善良，也一定会得到生活慷慨的回报，这就是这个世界“给予的力量”。

从那以后，男孩子不管有多困难，始终要求自己做一个内心阳光的热情的人，走到哪里都是传递正能量的使者，用自信热情感染别人，用善良真诚帮助别人，用智慧与力量支持别人。

多年以后，男孩子已经长大成人——男人，并且取得了辉煌的事业，他曾经和自己准备重点培养的事业骨干姚虹有过下面的对话。

他说：“我们很容易看到一种人，好像他的专业不如你，形象不如你，但是，一不留神这种人却成为了你的领导。这时候怎么样，你心里面是不是非常不服气？因为觉得能力不如你，凭什么他就当上了领导？他似乎没什么丰富的知识，好像就是会吹牛拍马！那我们要不要换个角度，因为你不了解人际关系的重要性，所以你丧失了很多机会！所以，人际沟通是不是非常重要？”

姚虹回答：“是的，非常重要！”

“可这个社会有些人很放不开自己，这就是大多数人还没有得到很好的成就的原因。在参加同学会的时候，我们会发现当初在学生时代名列前茅的好学生，他的成就未必是最高的，有没有这种情况?"

"有!"姚虹干脆地回答。

"走上社会以后成就最高的同学，当初在学校里面成绩可能是中下等，有没有这种情况?"

"有!"姚虹又回答。

"为什么会这样呢？一个人的成就和他的学历成什么比?"

"反比?"姚虹有些犹豫。

"什么反比？不要乱讲，那岂不是读书无用论了！不是成反比也不是成正比，答案是找不出任何比例关系，因为学历与成就不是必然相关。真正值得我们研究的是：学历不高的人为什么会有很高的成就呢？原来，一个人取得的成就与他的性格有关。当初在学校里面的那些好交朋友的或者是老师眼中的那些比较调皮、活跃的，甚至是老师眼中的不安定分子，因为他们擅长与人打交道、交朋友，他们比较容易与别人打成一片，比较容易适应环境，所以，他们走进社会以后，特别容易成功致富，有没有这种人?"

"有!"姚虹立马回答。

"所以成就与学历无必然关系，与什么有关?"

"性格!"姚虹大声回答。

男人看了看姚虹，接着说："是的，性格决定命运！所以，要想改变命运，必须先改变和完善性格!"

"栋梁"的营养——正心诚意，莫入歧途

儒家经典《大学》中说："欲治其国者，先齐其家；欲齐其家者，先修其身；欲修其身者，先正其心；欲正其心者，先诚其意；欲诚其意者，

先致其知；致知在格物。”意思是说，要想治理好自己的国家（治国），一定要先治理好自己的家庭（齐家）；要想治理好自己的家庭，一定要先修养好自己本身的德行（修身）；要想修养自己本身的德行，必须先端正自己的心意（正心）；要想端正自己的心意，必先使自己的念头真诚、无私（诚意）；要想使自己的念头真诚无私，必先明理，也就是穷究事物的道理（致知）；要想明理致知，必先要革除物欲，修正其不正确的观念（格物）。

这就是我们人生进步和成功的本末规律，强调的是从人性的养成，从正心诚意开始，逐步实现人生的宏伟蓝图。上自天子，下至平民，一切都要以修身为做人处事的根本，如果不修身，连人生在世最根本的做人的道理都搞乱了，却想要治国平天下那是不可能的；把离自己最近的修身、齐家看得不重要，不分轻重缓急，本末倒置而功成名就，这同样是不可能的。

既然修养身心是人生成功的第一步基石，那么，又如何修养身心呢？

首先，修养身心要从自己的立足点开始，从身边最近的人开始，从孝敬父母，从重视手足亲情开始。自古以来中国人就特别在意血缘人情，血缘之爱、亲子之爱、人情味这些是一个人最自然最基本的出发地，是任何人不能逃避的人生第一步。

儒家文化坚持亲子之爱是最根本的做人教育，爱人爱物都要首先从爱父母开始，然后才能把这个爱从兄弟、家人、族群来慢慢向外延伸，逐步实现“天下大同”，亲如一家。

显而易见，如果一个人不能在亲近的人身边表现出善良美好的特质，他怎么可能在陌生人身上表现出来呢？所以，修养身心一定要从感恩、从亲情、从孝敬父母这个地方出发，就像一棵树苗一样，只有树根健康、土壤肥沃才能发育为健硕树苗，才能慢慢成长为顶天立地的栋梁之材。

修身第二步就是在懂得人伦规则的基础上，严于律己，合理多赢地去处理人际关系。

古人说："为人君要止于仁，为人臣要止于敬，为人子要止于孝，为人父要止于慈，与国人交止于信。"什么叫作止呢？就是知道在哪个地方停，要知道做人做事的规矩和分寸：

为人君王要仁义，一个好的臣子要对君王恭敬；

为人子女的，要孝敬尽责，为人父母的对子女要慈爱关心；

对待人际交往大事小情，我们要有信义。

仁、敬、孝、慈、信，是我们信德中本来就圆满具足的，至诚于中，自然形仪发于外。

更为重要的是，"君子有诸己，而后求诸人；无诸己，而后非诸人"（《大学》）。也就是说，有德行的领导人（君子），一定是自己先有了善行，然后再要求别人行善；一定是先要求自己没有恶行，然后再禁止别人作恶。

综合以上几个方面，我们可以简单地得出结论：一个人必须从小开始修养身心，要从感恩、从亲情、从孝敬父母这个地方生发，严于律己，自立自强，长大以后懂得在社会关系中安守本分，有礼有节，才能成为了不起的栋梁之才。而小男孩的经历，恰恰印证了这个结论。

即使穷，你也要站在富人堆里

想过什么样的生活，首先要成为那样的人；想成为什么样的人，就要进入那样的圈子。于是，男孩子开始拜访许多有钱人，请教怎样才能赚到大钱。

有人被他的真诚所感动，就告诉他：如果你想赚大钱的话，要学会两件事情，第一，提高自己的人际沟通能力；第二，找有钱人做朋友。即使穷，你也要站在富人堆里！因为，穷到富的转变是大多数人憧憬的，但如果没有致富和赚钱的思想和手段，你想富有想赚钱只是聊以自慰的幻想罢了。穷人只有站在富人堆里，汲取他们致富和赚钱的智慧，比肩他们成功的状态，才能真正实现致富的目标。

男孩子听完以后，觉得非常有道理。

明白了这个道理后，在同龄人追求奇装异服、恋爱泡吧的时候，这个男孩子却全神贯注、一门心思为那个梦想“燃烧”着。

那么，究竟如何才能实现当初的梦想，在28岁以前赚到500万元？他意识到，要想赚到钱，必须要多交朋友，必须主动讲话，要善于沟通，要懂得为人处世，懂得做人，要通过接触优秀的朋友来改变自己的性格，因为这比知识更重要。

当男孩子决定去找工作的时候，同乡介绍了一个去工厂做工人的工作，做工人在当时也是不错的选择呢。

但是，表达谢意之后，男孩子却坚定拒绝了做工人的机会。

他是这样想的：一旦自己选择在工厂里面做一名普通工人的话，就意味着每天只能在和机器打交道的环境里按部就班地工作，那样可能永远也改变不了自己内向的性格，人际沟通也永远得不到提升，也就意味着永远无法实现自己曾定下的28岁以前赚到500万元的目标，还可能永远摆脱不了妈妈给自己设定的“长大以后只能到工厂里面做一个男工人”的人生轨迹。

所以，男孩子毫不犹豫地放弃了第一种方式——靠去工厂上班当一名工人打工赚钱，他开始选择第二种方式——做生意。

可是，做什么生意呢？

在当时，男孩子看到姐姐所从事的美妆工作很受市场欢迎，挣钱比较多，而且每天还有机会和各行各业的时尚人士、成功人士接触、打交道；最关键的是，这个经营美的行业是一个必须要主动和人讲话的行业，这对自己改善性格和实现成功梦想应该是个好机会。

于是，男孩子坚定地走进了美妆行业。

万事开头难，男孩在当时非常贫穷，只能从学徒干起，这是没有工资的入门阶段。

白天要勤学苦练甚至打杂伺候大工们，晚上打烊后，为了省钱只能打地铺。

夏天店内不透风，屋里非常闷热，男孩有时候干脆睡到门前马路边。到了冬天更难捱，因为地上潮湿，到了夜里店内冷得要死，把被子裹来裹去地很难入睡，早上吃早饭的钱都凑不出来，真是非常辛苦、非常艰难。

在这种情况下，男孩咬牙坚持下来了，并且迅速学技术、学管理，逐渐得到了老板的信任。

早些年特殊的经历让男孩子明白，多吃苦不吃亏，不断的磨炼、挫折、挣扎、别人的冷言冷语甚至嘲笑，这些都是自己成长的必经课程，必须坚强去面对一切挑战。

一个人只有倾尽全力去追求自己内心深处的梦想，只有全力以赴去做好身边应该做好的一切事情，将来才能拥有别人无法企及的成功与幸福。

自始至终，支撑男孩面对艰难困苦从不放弃的就是他曾经在内心许下的誓言：不管遇到任何情况，告诉自己一定要记住 28 岁以前赚到 500 万元的目标！

这个目标在男孩年轻时代的奋斗历程中，早已经成为了最核心的推动力量。

很快，表现出色的男孩脱颖而出，开始独立接待顾客。

于是，他每天有很多机会和各行各业的、各种各样的有钱人打交道，迅速成就了他完善的性格和事业腾飞。

男孩非常清楚，每个人的精力和感情都是有限的，人生的成败悲欢就是被身边这些重要的人决定的，所以他加倍努力工作，用心善待每一个可能对自己未来有帮助的人。

对于一个渴望超越生活的追梦人来说，真正可以做的也是必须做的，就是把自己变强大，变可爱，给身边所有人以希望和梦想！

努力让身边的人快乐，这就是男孩认为的最大的快乐。

当初凭直觉选择的美妆行业，给了男孩带来了人际关系多元化的环境，让他有机会认识了来自四面八方的良师益友，扩大了他的生活圈，并提高了自己的思维层次，把一个内向害羞的小男孩锻炼成为一个会做事又会做人的强者。

有一天，男孩知道在上海有一场“头脑财富风暴”的课程特别好，当时去听这堂课需要3.6万元。男孩子没有犹豫，在身边人异样的眼神中走进了课堂，真的像打开了神奇的财富之旅。如果你不懂财富背后的秘密，傻傻地工作只是面对长期财务问题的一种暂时的解决办法；穷人让自己为了钱工作，富人则让钱为自己工作。要想赚钱，要想持久赚钱，你必须快速寻找和建设你的资产，而不仅仅是机械地增加一点有限的收入。

我们可以想象，一位心头有强烈梦想的年轻人在涉世之初，吃过同龄人难以想象的苦，又能创造机会和一些顶尖的企业家、销售界的领导者，各行业的百万、千万或是亿万富翁在一起聊天，并经常阅读关于财富与成功的书籍，接受人际关系训练、潜能开发训练，还有演讲训练、口才训练、领导力训练、销售训练等，这个年轻人的未来会不会与众不同呢？会，一定会更优秀！

追梦的心永远不可阻挡

在日新月异的今天，一个人要想成就一番轰轰烈烈的事业，必须打开心量，放大梦想。

如果一个人从小有一个真正的兴趣，仿佛一团火焰一点一点燃烧，天地间就突然出现一条路了。当你内心苍白，没有兴趣没有激情没有梦想的时候，就很难成长，外面有什么好事你都会视而不见。反过来，只要一个人内心充满激情和梦想，就能超越现实生活的种种限制，活出精彩！

一个犹太人在“二战”的时候被送进了集中营，遭受各种惨无人道的折磨。可以想象，这样下去他肯定会是悲惨死亡的结局，他眼睁睁地看着他的妹妹和其他家人被送进了毒气室。

一段时间以后，这个人已经接近崩溃了，他身体极度的虚弱，得了病。这样的情况下，不用把他送到毒气室，自己都会死的。有一天，这个人实在受不了了，他要自杀。

他在自杀前的最后一刻，忽然内心深处闪过一个想法：我有这么大的力量，让我的生命结束，难道不能让我的生命不受我的身体或者环境的影响，而重新去升华它吗？为什么我的精神不能自由，而要受我的身体的折磨、束缚呢？虽然希特勒可以决定我的消亡，但是自己精神的消亡与存在可不是别人能决定的！如果我的精神不做身体的随从，而是自己做主，那么完全可以超越外在的束缚与苦难！

这个顿悟让他完全换了一种人生态度。

他再遭受毒打的时候，他的内心变了，为什么你毒打我，我就一定要哭？我就一定要疼呢？我的心一定要受这个环境的影响吗？为什么我的心不能独立出来去笑、去幸福呢？

那人面临的情境还是那样的情境，但是因为心变了，所以一下子，境随心转了。

从此以后，面对这些毒打谩骂，这个人一下子摆脱了痛苦的牢笼。同样在集中营里面，吃着恶劣的食物，面临恶劣的环境与随时的非人折磨，由于他内心世界变得阳光，似乎周遭的环境都开始变化了，以至于连一些狱卒见到他都说，这个家伙将来肯定能活下去。因为，在所有的被关押的人里面，只有他一个人红光满面，而且每天还面带微笑，积极热情地活着。

慢慢地，他和他的狱友去交谈，去帮助他们，他变成了一个传播快乐的人。

在亲身经历与感悟中，他不受那个环境束缚了，他的精神一下子超脱出来了。

最后，他等到了盟军的解救。

后来，他把自己的经历与感悟写成了畅销书，自己也成了世界有名的心理大师。

我们从这里得到一个什么样的启示呢？

一个人能够取得的成就与当事人自己的内在价值观密切相关，与这个人所处的外在环境，所得到的物质条件、社会地位、外界如何评价不具有必然因果关系。

心，是受你指挥的，它就是你人生成败的开关。

你认为你的人生是什么，就真的会是什么。

这就叫作心能转物即同如来，物能转人即同凡夫。

由谁来做凡夫和圣人之间的区别呢——由你自己的心。

要得到，先要舍得付出

对工作完全投入，是这个男孩在每一个职业阶段不变的坚持。

除了默默学习，尽量找机会表现自己的长处之外，男孩始终要求自己恪守本分，表里如一，脚踏实地。

就这样，男孩在门店脚踏实地学艺就花了 5 年时间。

功夫不负有心人，男孩的勤奋努力表面看起来是吃了“亏”，但实际上却获得了老板的肯定与顾客的信任，大家都喜欢上了这个勤奋又可爱的学徒工。老板不仅手把手传授男孩技术，还让男孩上手实操，有些客人因为喜欢男孩，干脆不让老板帮他们做造型，而让男孩子在他们头上做试验练习。

更重要的是，男孩凭借自己的努力，每天都有机会接触到各行各业一些顶尖的企业家、销售界的领导者，各行业的百万、千万或是亿万富翁。榜样的力量是无穷的，在那种环境下，除了学艺，男孩子也把那些优秀人物作为自己学习的目标。也正因为认识了这些人，才让男孩的整个思想、性格都发生了很大的变化，同时也开拓了他的眼界，并给他的人生带来了很多机会。

当时店里的师姐、师兄们很多只学了两年就相继出去做美妆师或开个小店，好一点的时候一个月能赚个一两千元。他们总是说男孩子傻，手艺这么好，不出去赚钱，真是亏大了。

在那个时候，男孩清楚自己的手艺跟老板比起来还是差了一点，而男孩决心一定要青出于蓝而胜于蓝，超越他的老板。

这个决心很快就变成了现实。

有一天晚上，男孩的老板找他聊天，说男孩这么多年表现非常棒，现在有个机会正好帮帮他。

原来，经常来店里的一位顾客是政府机关的领导，这家单位刚组建了一个美妆工作室，正准备聘请人去负责管理，所以老板第一时间就想推荐这个男孩去做这件事，而那位领导也是这个意思。因为他们都觉得这个男孩忠厚老实又勤快，而且技术也不错。

男孩感受到老板的器重，也觉得这是个机会，就迅速走上了新的工作岗位。

刚到政府机关工资并不高，只有500元，跟男孩的那些师兄师姐们比起来可差远了。

但男孩并不气馁，他觉得能到机关工作，一来可以有机会自学，弥补学历的不足，二来可以多练习手艺，三来可以跟政界要人多接触交流，可以学到很多的东西，让自己变得更有内涵、有知识、有文化，这是钱买不到的财富。

男孩明白，到政府机关开展工作有别于其他地方，要成为领导喜欢的人，就一定要让领导看到自己的才华和付出。于是，他每月的工资全部用来为领导准备专用毛巾、高档洗发水等物品。有时领导需要人跑腿干活，他总是第一个自告奋勇，而且从不抱怨，更不喊累，每天都是挂着笑容在尽心尽力地工作。

这样不断地辛勤努力工作几个月后，很多领导都喜欢上这个勤奋懂事的美妆师，他的工资也从原来的500元升到800元、1000元。不过，男孩把每月的工资大部分投资在领导身上和大量购买国内外音像、书籍方面，剩下的钱全部用于提升自己的形象，所以那时候家人也不太理解，经常说他不懂过日子。

但男孩认为，唯有先付出才能有回报，“得”与“失”之间，有时必须经过时间的沉淀。

来到政府机关工作以后，每个星期只工作3天左右，即便自己主动加班加点，男孩还是有很多空闲的时间。这些空闲时间除了用来学习之外，男孩还不断走出去，认识了很多销售业的高手。

有一次正好有个机会，一个做销售的朋友在南京做一个品牌的家庭发品，他认为很适合男孩来经销。

事实上，男孩当时对销售这行已经充满了兴趣，一直想就尝试。现在机会来了，男孩当然不可能放过。于是，他申请到了无锡市场的经营权。

男孩把工作实践中学习总结的沟通与销售的方法快速运用，经常早出晚归，不断积累客户并做好销售与服务工作，他走在大街上看见哪家店面大、哪栋楼高就往哪里跑，进去了就找最管用的人，专业热诚洽谈合作，几乎每天都有所收获。这样辛苦工作了大半年，男孩代理的这个品牌取得了非常好的业绩，他也赚了不少钱，令很多老乡、同事和朋友瞠目结舌。

为了不断拓展事业，男孩用心和那些商店老板、商城经理们打交道，不但把业务体体面面地办成，还和其中不少人都交上了朋友，而且这份友谊一直源远流长地保持到今天。

经过这么多年，男孩的事业不断跨上新台阶，收入也是水涨船高。

再看男孩的那些师兄师姐，要么已经转行，要么还是一间小店，可能他们把几年赚的钱全部加起来，还没有男孩一年赚的多呢！

成为一座正能量的“桥梁”

任何人在通往成功的旅途中，都会遭遇到无数的坎坷、挫折乃至失败，这是一条崎岖而艰难的道路。

人们往往只看到了成功者的喜悦和辉煌，而看不到或不愿看到他们的艰辛和付出——付出全身心的正能量去战胜所有的挑战。

那一年，为了捍卫心中圣洁的爱情，为了给女朋友一个可以放心依靠的家，这个当初的男孩、现在的男人毅然决然借款10万付首付，再贷款买下人生的第一套房子。

一夜之间负债38万元！

是什么力量让这个男人敢于做出这样的选择呢？

因为爱！因为责任！

因为在这个男人的心中，爱一个人就要全身心去珍惜，就要用全部的力量去负责，用自己的双手、用全身心的正能量去创造美好的明天！

是的，全身心的正能量——如何才能使它更加强大呢？如何才能让它强大到足以战胜所有的艰难险阻呢？

在他眼中，这也许是世界上最困难，但同时也可能是最容易的一件事。

他用生命感受到一个事实：我们每个人其实都是一个“桥梁”，是一座有时自己也看不见摸不着的桥梁，但它确确实实地存在着。不管我们愿不愿意，我们没有人可以离群索居一个人过一辈子，只要和别人有关联，只要每天面对不同的人和事，我们就不可避免地成为自己生命的桥梁，同时也借助自己做人做事的方式建设着别人眼中的一座桥梁。这座桥梁看似无形却经常发挥超乎想象的神奇作用，大到可以帮助我们达成伟大的目标和获得了不起的成功，小到影响我们日常生活的点点滴滴。

男孩自从进入美妆行业以后，脚踏实地从学徒做起，尝过无数艰辛，付出常人难以想象的汗水，一步一步让自己改变性格，成为走到哪里都广受欢迎和好评的阳光青年。功夫不负有心人，他的专业技术和沟通销售力都快速提升，终于，他把握住机会，创造了自己事业的辉煌。

后来，这个事业有成的男人和重点培养的骨干姚虹间还有过如下对话：“其实，每个人都能意识到‘桥梁’的存在。你的上司或者下属，你的亲人或者朋友，当然还包括你自己，都能感觉到它的存在。”

“听上去好像确有其事，您能讲得更详细些吗?”姚虹似乎正在跳出迷惑。

“当然可以。人们都认为我是一名年轻的成功者，我自己也这样认为。近几年来我一直在思考一个问题：为什么有的人似乎一辈子都一帆风顺，财运亨通，而另一些人却一生都在频遭厄运，穷困潦倒；为什么有的人始终都福星高照，尽享人间美好的事物，而另一些人却永远与饥寒为伍，连起码的温饱都成为奢望……”

“为什么呢?”姚虹急切地插话进来，尽管显得不太礼貌。

男人一点儿也没在意，继续缓缓地说道：“我研究了成千上万的成功者和失败者，他们中间有的人甚至是我认识和打过交道的。我得出了一个简单的道理：所有的成功者都是能让自己随时随地成为一座正面的‘桥梁’而绝少让‘桥梁’断裂的人。遗憾的是，许多人每天都在做一些看不见的负面桥梁！而所有失败者都是经常成为负面桥梁、即使绞尽脑汁想让对方相信他是正确的桥梁、也会很快让别人失望的人，区别就这么简单。”“我想我已经意识到了桥梁的道理。那么，怎么才能使自己这座桥梁始终都保持正能量呢?”姚虹由急切转成了热望。“万事开头难。首先要意识到，然后把它变成习惯，习惯久了就会成为自然，越是自然就越容易成为本能。所以刚开始的时候，你只需要随时随地问自己一个问题……”

“什么问题?”姚虹简直是急不可耐。

“这个问题就是——我是一座正能量的‘桥梁’吗?”男人一字一顿地说。

男人告诉姚虹：其实，就在你听这堂课时，马上拿出蕴藏在你身上的能力就成了，这股力量可以随时改变你人生中的任何局面，就看你是否有心把它释放出来。为何我敢向你这么有把握地说呢？只因为我曾运用过这股同样的力量，结果大大改变了自己的人生。

刚来无锡时，我也曾经穷困潦倒，惶惶不可终日，不知何去何从。

在那段人生的低谷，我不单是身无分文，甚至于连一点斗志也没有，日子过得彷徨无助，前途渺茫。

然而，今天我要告诉你的是，就在短短的几年时间里，这一切不如意完全改变!

我不仅建立起充分的自信，也敢于面对现实的各种艰难，努力去实现心中的美梦。

我之所以能有今日的成就，秘密就在于把全部的心思精力放在完善自我和挖掘伙伴与顾客的需要上，然后进行积极有效的资源整合，也就是让自己成为一座正能量的“桥梁”。于是，从学徒到技师，从技师到经理，从经理到借钱开店做老板，再到快速开连锁店和集团化运营，就是因为不断地提升进步，随时随地做一座正能量的“桥梁”，所以，原本定下的28岁必须要达成的500万元的目标，结果在25岁就提前达成了！

更重要的是，达成这个500万元的目标以后，我没有忘记自己的另一个诺言，就是不断去真诚地帮助别人，用自己的正能量改变别人和成就别人！一天一天，一年一年，这种“桥梁”的神奇魔力使得身边快乐和成功的人越来越多。

每当各种节日到来时，手机上收到的感激信息都多达几百条，经常来看望致谢的人更是数不胜数，人与人之间的亲密感恩相助之情，经常会让我热泪盈眶。看着那些自己帮助过的一张张笑脸，我对自己通过奋斗成长到能有余力帮助他人，感到很欣慰。我想我对得起爸爸的在天之灵，也没有辜负那个大年夜用爱心温暖我家的好心大妈。

建好自己这座“桥梁”，通过桥梁的正能量去帮助别人成为正能量的桥梁，这样的奋斗与付出竟是一个圆满的轮回。年少时的悲惨时光原来是上帝的祝福，指引我一生超越自己，以帮助他人来丰富自己的人生。

男人说到这里，语速明显慢了很多。

“你是怎么知道这个男孩和他成长的故事，不仅包括他的所作所为，也包括他的心路历程呢?”姚虹问。

“因为那个男孩就是我。”男人一字一顿地回答，当然这个男人就是Jacky Lu（人名）。“我是想以行动回报当年我和家人所得到的帮助，提醒那些受苦的人们天无绝人之路，总会有人关怀他们和帮助他们！不管所面对的是多大困难，即使是自己所知有限，能力不足，只要肯拿出实际行动去学习与改变，就能从生活中学到宝贵的功课，寻着自我成长的机会，以至最终获得长远的幸福。我之所以愿意告诉你这些，目的在于让你知道，不管你的处境是多么恶劣，负担有多沉重，你绝对有能力扭转人生的态势，所做的美梦必有成真的一日！”

大树和小草的区别

大树之所以是大树，小草之所以是小草，不在于生存环境如何，最关键的是内在力量，是思维方式！

普通的花草在短期内长得好像很快，很短的时间就挺高了，多数花草一年之内就可以开花结果。而参天大树种在地上的时候，特别是松柏树，它在幼小的时候像一棵小草一样不是很起眼，可能每年才长几寸，三五年以后，可能也就长到 1 米高。可是我们要看到，普通花草，很多在一年内就枯萎死亡了；而真正的参天大树虽然长势缓慢，但是扎根深厚，咬定青山不放松，所以三五十年才迎来它生命的精彩，甚至几百、上千年依然茁壮强大。

不同的种子，不同的未来，这就是生命长度与质量的不同。

没有一棵树木第一年种在这里，第二年种在那里，而可以成为一棵参天大树！一定是一天一天、一年一年脚踏大地，经风霜，历雨雪，顽强生长，屹立不动，最终才长成栋梁之才！

要想成功，一定要“任你风吹雨打，我自岿然不动”，坚守信念，专注内功，终成正果！

你是想做长久的成功者，还是想做短期的获利者？

那些急于求成追逐名利的人，容易心浮气躁，很难沉下心积累实力，往往在短期内哗众取宠，或者靠偷盗欺骗等不正当手段拿到一些蝇头小利。但是，从长远角度来讲，这种短视行为可能种下了他走向牢狱之灾的种子，很可能毁掉这个人的未来。

如果我们认清人生的梦想与责任，脚踏实地按规律办事，也许出发的时候要接受很多的压力与挑战，但是，一旦我们坚持下去，并且不断成长进步，那么我们就会越来越强大，有一天机会来了，我们就会脱颖而出。

成功人物是先有宏观思维，之后才有了微观思维，所以步步领先，胜券在握。

平庸人物是先有了微观视觉，再想看清全局，结果是一叶障目，迷途重重。

一个人的视角和事业非常重要，直接决定未来命运走向，要做栋梁，必须有栋梁的大格局与大规划！

奠基伟大桥梁的五种力量——Jacky Lu 日记选摘

1. 主动成长的力量——爱

一个人内在本来的状态，就是仁爱的状态，就是主动成长的状态，就像春天的草木蓬勃旺盛，呈现的是生命向上的力量，是快乐生长的力量，春天就是爱的缩影。春天的时候，万物生长，如果不成长，如果没有仁爱，就变得与周遭世界不吻合、不匹配了，这就是一颗受伤的有病的“树”了，呈现的是负信息、负状态了。

缺乏爱的主动力量的人，经常觉得浑身没有劲，做什么事情都没有兴趣，这是因为掌管生长的爱的力量被关闭了。一个人怎样才能发展呢？我们看春天的树木，就是主动在生长，而且不断向上，这就是它能够主动付出，不需要别人把它拔起来。既然是主动生长的，就体现了宇宙中的一个主动规律，叫作“上天有好生之德”，就是万物一起生长，每个人都给别人提供这么一个生长的空间，这就叫作仁爱，人和人之间相互关爱和平等，就叫热爱。同时，你必须对自己的事业要有热情，就像树苗在生长的时候是靠热量在生长。

爱的力量在企业里面，它代表的是和谐关爱的环境，疏通上下级关系的渠道，是与市场与消费者良性互动的品质。如果自身的这种爱的力量不够的话，同样会反映在你身上，也会反映在你所从事的工作上，当然也会在你工作的单位里面出现。

不热爱工作的人，你的这种发展的空间就没有了。人们之所以会觉得压抑痛苦和焦虑，就是因为彼此之间的爱都封闭了，于是，社会向上的力量就受到阻碍。现在很多人说，我也想解决没有信仰没有快乐没有力量的问题，但是我现在确实感觉工作很无聊，身心很疲惫啊！其实，是你自身没有爱的力量，不愿意去热爱生活，不愿意去关怀别人了。一旦这种爱的、向上的力量被关闭了，表现的形式就是这个工作环境不怎么和谐，人与人之间没有了相互关爱的精神状态。

我们现在不是主张和谐社会吗？其实就是呼唤爱的力量，呼唤主动付出真情的力量。

如果大家能够互相关照、互相关爱，互相支持，就能够互相成长，生活就会充满阳光。

如果我们把这个爱不断地加深的话，就会形成一种大的积极力量。这种力量虽然是无形的，但是足以成就梦想，足以撼动天地。而爱，就是生命的种子，也是世界的种子，这个种子的生长是不需要回报，不需要额外的条件的。万物成长的第一步，都是从爱开始，也就是从每个人的主动付出开始。

只要在合适的生长环境里，在春天的时候，万物自发生长，所有的生命都在健康生长，都在爱中被滋养。

所有的种子都是先发芽，再生长，它会问我的生长要有条件吗？我的成功需要回报吗？没有的，它就是顽强地生长，就是快乐地付出，就是要让全世界增添一点绿色，带给世界生命的精彩就可以了——就像母亲一样，带给孩子的就是爱，是没有任何回报的。

每个人最爱最佩服的是自己的母亲，母亲带给我们的永远是爱。

任何人一谈到母亲的时候，就会非常的安宁——因为她让你成长了，那种爱让你成长了。好好去品味这种爱的感觉，真正找到自己的内心，你就会充满安宁和力量，因为它是所有外在力量的来源。

年轻人要想取得不一般的成就，要想做一棵参天大树，就要有大树的强大的爱的能力，不要去忌妒别人的生长，其实我们可以给别人一点点的帮助，帮助他去成长。如果我们能做到自己强大，同时帮助别人成长，这就意味着我们内心有爱的力量，能更好地为世界做些什么。

其实这是一个规律：你要想让自己成长，就一定要去努力帮助别人成长。

2. 敬畏规矩的力量——礼

有一个小故事，说的是阿里巴巴的宝藏的秘密。

> 据说，用咒语把宝库的门打开并不是很难，走一天的路程就可以见到宝藏，而里面的无数宝藏可以随便拿，只要你能走到宝藏面前，把它们能够顺利地取出来，就归你所有。可奇怪的是，很少见过能把宝藏拿出来的人，在这条路上成千上万的人都死了。
>
> 后来有智者发现，这些人好不容易看到珍贵的宝藏以后，他们会尽其所能，超过自己所有的背负能力来抢夺宝藏，能背 100 斤的非要背 200 斤甚至更多，他们还会互相攻击打斗。于是，体力透支筋疲力尽的人们背着远远超过自己能力的宝藏，挣扎在归途中。于是，他们在路上就累死了。

这些人为什么拿不出宝藏？也许我们也不能保证一定能拿回来，如果不解决克制和尊重规矩升华的问题，再多的宝藏也还是拿不回来。

做人有主动的力量，做事还需要合度合规矩，这就是礼貌的礼的意义，这个礼就是做事要适合，要彼此尊重，彼此成全。这个礼代表升华和接纳的力量，如果一个人内在升华不够，就会出现礼的负面的状态。礼的负面的状态就是贪，很多人年纪轻轻心脏就出问题，往往是从贪字开始的。在物质丰富，快节奏的时代，人们很容易贪心——不愿意适可而止，不愿意成全别人。

回到阿里巴巴的宝藏问题，要想拿回宝藏，就需要合度合礼。面对自己内心的时候，不要贪婪；看见别人的时候，保持恭敬友善。因为懂克制，因为不过分，宝藏就拿回来了，这表明我们内在的光明照亮了人性的阴暗。内心安宁的状态，才是合理的状态，是升华的状态，而它的负面也就是贪婪，是造成你内心痛苦外在失败的原因。

老天很公平，一个人只要把分内工作做好，就能得到属于自己的回报。

每个人能力虽然不一样，但是只要脚踏实地奋斗，都可以获得自己的成就！就怕你明明能做到的事情，你本来应该做好的分内的事，你却不去做，在那里好高骛远，贪得无厌，这就容易出大问题。

为什么？因为你内心没有找到适合自己的位置，没有按照规矩办事，这就是我们说的合理。其实就是过去古代讲的“礼”，就是要找到自己应该在什么位置上，如何做事，这就叫有序，就是讲礼貌。当你不把本职做好的时候，当你奢求那些你没资格得到的财富的时候，就叫越位或者是过分。所以，好高骛远的人，永远是连自己眼前的东西也拿不到的人。

现在社会有心理疾病的人很多，心理病为什么变成世界性的大病？就是因为在物欲的世界里，很多人解决不了克制与平衡的问题，越过了一个人能承受的界限，被贪婪带到了崩溃的边缘。当一个人奢望得到一切，为所欲为时，这个人就很容易累死了。

如何规避这种情况？就是要有界限，要懂规律并且遵守规矩。

凡事讲究合乎平衡之道，可以使我们永远保持升华，永远向上成长。

3. 实干信誉的力量——信

“信”代表做事情要会平衡，要学会沟通，要里外如一，要实在稳妥。

为什么勤恳踏实的人，能够赢得越来越多的人的信任和追随？是因为他有信誉，他有生命中非常值钱的“无形财产”。

勤恳实干，代表一个人说到做到，能说话算数，就是现在说的是执行力强，这就叫信誉。

信字是一个人的无形财产，有了信，其他的能力优势才能发挥作用。

我们不要以为信很简单，我们国家所有的经济系统，如果缺乏了信誉的话，能做什么呢？如果银行缺乏信誉了，大家敢往里面存钱吗？如果我们的国家在世界上没有信誉，“亚投行”能有那么多国家参与进来吗？

同样的道理，如果对方是一个骗子，你敢和他合作做生意吗？如果对方没有诚信，你愿意和他交朋友吗？如果一个人做人做事经常言而无信，这个人的平衡力就失掉了，外在资源运化功能就萎缩了，就很难和别人进行友好互助的交流与合作了。因为本来这个世界是非常平衡的，唯独你没有说到做到，去诚实对待周遭的事物，只是选择自己很狭隘的那一点去索取，没有承担起自己的那份责任。这个时候，个人就和整个运作系统格格不入，那么，周围的人和事也会和你脱离的。

一个人做事情成功的真正原因，是靠你平时的诚实，一辈子的信誉来成就你的一生的。

做大生意的人一定是诚实的人，所谓诚意无价。

只有心术不正的做小买卖的人，才靠欺骗等小伎俩去做事，偶然去骗得一点利益的时候，已经把他无形的财产贱卖了，这就是为什么，一些小企业老是发展不下去的原因。

一棵大树不会朝三暮四，一个真正的强者始终自信自己做着实实在在应该做的事。

“信”字的本身，还有一个坚持的含义。所有的成绩都来自于实干与坚持，这就是信用，这个就叫作信念！

有人说我在生活中遇到很多的困难，这些道理我也懂得，可就是做不到啊。其实，就是因为"信"字没有做到！有人说做任何事情，至少要重复5次，才能够把这个事情落实。这话不无道理。如果没有信用的话，老是半途而废，别人也不敢和你合作，怎么能取得成功呢?

在企业中也是如此。在经营上"信"也代表着品牌，也可以叫作企业的无形价值。管理里面最重要的是管理者本身，一定要做到言而有信，而且没有任何的成见和私欲，这样你带领的集体才具有消化运转能力，团队之间最好的精华才能吸收放大。真正的团队是经过诚信实干之后，大家彼此信任平衡之后，完全的磨合好了之后，没有了个人的成见之后，"梦"在一起，齐心协力把这个事情完善了，这才叫健康阳光的团队。

4. 利益与凝聚的力量——义

中国古人特别讲究一个"义"字，刘关张"桃园三结义"至今为人们津津乐道。

义字很高明，义字做不好的人，走到哪里都容易孤家寡人，没有福祸相依的兄弟朋友。这个义的含义叫明是非，也就是一个人能够为他人，为整体付出的行为，发自内心照顾整体的力量。所以，"桃园三结义"被后人无限神往，这个义是什么呢，代表的是对兄弟、对整体的认可与维护，而不仅仅是对个体私欲的捍卫。

如果延伸说，义指的是行为的模式是正确的，做事情恰到好处，而且是抱团共赢的，是有效率的。

在一个团体里面，义直接影响凝聚力的问题，就是安定团结的问题。

古话说二人合心，其利断金。因为如果不合心，就想独自一个人做事的时候，就会被自然界淘汰，谁都可以把你打倒。

一个父亲有10个儿子，临终的时候把孩子们叫到跟前。父亲说，我希望将来你们10兄弟要永远在一起，做事情要齐心合力才能成功。

其中有的儿子说，我们都长大了，分家单过不也是挺好的吗？这位父亲为了让孩子们明白道理，就让他们拿十双筷子来。老人家拿起一双筷子，代表一个人做事，“啪”一下就折断了。接下来把剩下的九双筷子放在一起，结果谁也没有掰断。父亲说，这就是我要你们团结的原因。就是为什么要强调每个人要相互关爱，相互合作，相互共赢的原因。

个人只有和团队合作，才会产生“1+1>2”的功效。事实上，一加一有时候甚至可以大于十，只要你善于合作。如果你只强调个人，就会进入一个负面排斥众人的状态，叫作傲慢。傲慢的意思是什么？就是认为自己是老大，唯我独尊，听不得别人的意见，总是觉得自己最牛，比所有的人都强。

想当初，如果刘备、关羽、张飞他们3个不进行结义的话，估计也没有后来的三国鼎立的天下格局了。看一个人能不能做成事情，要看你有没有领导的才干和“义”的能力，你能不能团结别人，有没有知恩图报和利他的精神，这都是在完善自己。

一个人内心的完善，就是要把我们自己的傲慢心和私心去掉。傲慢心就是分别心，私心就是不讲义气，孤独与失败就是这样产生的。

现在很多人非常渴望能够交到几个知心的朋友，能够经常推心置腹地谈事情，能够肝胆相照地携手打拼。很多实力强大的企业家终于意识到，跟别人合作“结义”的重要性和迫切性了。市场这么大，一个人一家企业是做不完的，能力也是有限的，一定要有几个铁哥们绑在一起，事业才能做大做长久。

5. 学习与领悟的力量——识

咱们中国有古话：“学而时习之，不亦乐乎”；“有朋自远方来，不亦乐乎”；“人不知而不愠，不亦君子乎”。这是我们祖先关于学习与领悟力最完整的答案，指导我们如何去学习与成长。

“学而时习之”，是让我们反复地去学做一件事情。而记忆就是反复，直到把它变成你的习惯。

有的人为什么疯狂地爱玩游戏呢？是因为你在这方面的“学而时习之”太多了。

对于年轻人来说，需要明辨是非的能力，就是说如何重复学习与练习正确的事情，真正有助于生命成长成才的事情。

现在是知识爆炸的年代，一个人的真正能力不是靠表面的文凭和学校课本积累的知识就能表现出来，能力强是靠长时间的钻研和学习才达到的。其实就是一个学和问的过程，没有捷径可走，就是好学和好问，抓住一切时间来为自己充电。

“有朋自远方来，不亦乐乎”，指的是敞开心胸，善于通过学习与交流来吸收别人的优点。

所谓“三人行必有我师”，每个朋友都会成为你学习的榜样。朋友代表你的生长环境，如果你选择不当，就会永远跟消极的负面信息进行交流，慢慢地就会发现你心里越来越不舒服，做事情越来越不成功。交友也是一种需要锻炼的能力，要和有智慧有正能量的人为友。

我们为什么要和成功者在一起？为什么要看圣贤书？就是要见贤思齐，和高人同行，即便走得费力，但一定是在快速前进！

反之，如果习惯和不如自己的人在一起，虽然可以随时显出比别人高，但结果就是能力越来越低。就像下棋一样，真正的高手永远和高手对弈。你如果不想让自己提高，你就天天跟那些最无能的人去对弈，保证你总赢，也保证你棋艺水平越来越差。

“人不知而不愠”，就是指我们学习成长的心要像水的状态，让自己保持平和清静。普通人都是想让自己出名，要显示自己的本事，别人不知道就觉得憋屈，就受不了。如果你不能把自己的心火降下来，不能放低身段，你就会拒绝别人智慧的建议，你就吸收不到别人的长处，真正受损失的是自己。

善于成长的人，是永远以别人以生活为师的。

真正的成功，是用事业的成就与对社会的贡献来评估的。

Jacky Lu 的“桥梁”价值——从自己出发，让天下受益

人生是一个不断完善的过程，也是一个讲究因果规律的过程，千万不要幻想从天而降的幸运。

作为心中有梦的“准栋梁”，如果你想让自己未来的压力小到可以忽略，唯一需要做的就是及时解决生活中的一个一个难题和挑战。强者把自己面临的任何事情，当作人生中不能逃避的课题，永远迎难而上，不逃避，不退缩。如果不把这个习题解决了，就意味着你在这个方面，永远“毕业”不了，就意味着你在解决问题的能力上，永远停留在学前班的水平上。

当一个久经考试脱颖而出的初中生回头看小学作业的时候，会发现非常简单，那是因为小学这些题目都是自己亲身经历、实战超越的，所以再面临这样的问题时，就会觉得非常简单。所以，一个人战胜自己的核心还在于永葆激情地迎难而上，永远把挑战当作机遇去历练去成长，尤其是自觉提升内心深处的力量。

有些朋友习惯抱怨，抱怨家庭社会这样那样不如意，我们要问的是：能不能自我负责，用英雄不问出处的精神面貌，用斗志昂扬的状态去拥抱生活，改变命运呢？

所谓路在脚下，不要怪天下没有路，关键是问自己有没有一副好脚板。

所谓的路，是在前人没有走过的地方踏出的。要有这种不甘人后、勇挑重担的心性的力量，要以“我是栋梁必须成才”的伟大的思想，武装自己的头脑，进而成为一个顶天立地的强者，为社会贡献自己的光和热！

心态决定一切！一个良好的心态，会有一个良好的事业和结果；一个消极的心态，会带来消极的结果。

如果你想做一个了不起的人，要成为被社会需要的伟大的桥梁，就要明白压力和成就成正比，要明白你想拥有多少被欢呼拥戴的成功，就要为天下人付出和承担多大的责任。

我们希望每个人不要甘于混日子，不要盲目随波逐流虚度年华，要胸怀大志，顶天立地，做一座自强自信、通达天下的“桥梁”。

懂得这个桥梁的道理，那些“准桥梁”们，自然能够通过不断地学习与自我修正，找到适合自己的方法，逢山铺路，遇水搭桥，随时随地接受生活的考验，做自己的英雄，这样今后才能为社会所用，成为真正的桥梁。只有我们内心完善了，外在力量强大了，我们才能有意愿和能力为社会做贡献，为他人做贡献，进而以帮助别人为出发点达到自己的价值最大化，成为了不起的利益众生的伟大桥梁。

一个企业也是这样，领导者首先要以身作则，自身完善，为团队奉献。

如果你不为整体的利益负责，整体的利益都到你一个人的手里去了，所得的财富都到你一个人的腰包里了，那么你就失去了凝聚力，就没人跟你合作了。

为什么呢？因为自私自利不合乎规律，企业系统和人际关系运转不了。

只有领导以身作则，上行下效，团队里每个人都完善了，才会相互影响，形成相互帮助的文化气氛，从而得到人心。

历史上凡是长久发展的朝代，包括传世的百年企业，都是深得人心之后得到的。

这个时代已经不是单纯靠武力和经济就可以成功的，真正能得到天下的，一定是优秀的思想精神和敬天爱人的文化，并且能够身体力行的人们。

不论是西方提出的人本管理还是权变管理，无外乎就是怎样能够让人的积极性得到发挥，怎么能让每个人都当主人公，怎么把集体的企业的事情，变成个人的事情，让团队像做自己热爱的事情一样愉快地去工作，大家为了共同的梦想去奋斗，自然就可以成就一切。

一家企业的成功需要集体的积极性来发挥，“众人拾柴火焰高”，内部成员彼此成就，团结起来再去成就天下的利益，这个企业才会长久。

从自己出发，让天下人受益，从而成就天下——这就是桥梁的心胸与抱负。

第二章 财富的秘密——如何培养“二号人物”

海阔凭鱼跃，天高任鸟飞

在人生的旅途中，本来有许多人学识相近，智力相当，但到头来有的人达到了顶峰，有的人却“原地踏步”，于是便有人感叹命运的乖戾，有的人唏嘘机遇的不公。

其实，这都是人自己的心态在起作用。

一个人如果没有“向上爬”的激情和决心，那就永远也“跃”不动，永远也“飞”不起来。当你对自己有足够的信心，确信自己已经具备那与你一步之遥的职位的条件时，也许只需要再多些勇气与智慧，那把希望之火就为你点燃了。

毫无疑问，Jacky Lu 是一个为梦想燃烧的斗士。

在自己多年修炼打拼的历程中，一方面他在个人成长领域潜心研究实战实修，同时面对市场环境和企业发展，对于共同创业的合伙人、职业经理人和企业主管的团队成功也是高度重视，深谙此道，成效卓著！

Jacky Lu 发现：从古至今，所有各个领域的成功者，他们之所以取得成功，都是因为拥有一个或多个卓越的“桥梁”，无论是政界领袖毛泽东、列宁，还是商界领袖杰克·韦尔奇、柳传志、张瑞敏，甚至在美国 NBA

(全称 National Basketball Association，中央主持人一般会叫：美职篮）联盟中最著名的“桥梁”加索尔助科比连续两次拿到冠军和“桥梁”皮蓬助乔丹拿到多次冠军！

古今中外99%深具影响力的成功人士都是因为拥有一个或多个卓越的“桥梁”：海尔有个张瑞敏，还有个“桥梁”杨绵绵；索尼有盛田昭夫，还有井深大这个“桥梁”；联想的成功有柳传志，更离不开李勤这个“桥梁”；而万科有王石，也有超级“桥梁”郁亮。可以说，优秀的企业老总大都会有一个或者多个“桥梁”，正是在与这些“桥梁”的协作努力下，企业才取得了非凡成就。

因为自己是一步一步把大家带出来的，因为自己是践行者，所以，Jacky Lu 非常清楚培养“二号人物”的智慧与方法，也就是如何打造自己的核心“桥梁”！

面对被自己看中准备重点培养的“潜力股”选手，Jacky Lu 首先会强调：不管你自己的梦想是什么，既然走进公司，走进这个集体，我们必须首先统一思想，公司的梦就是你的梦，公司的梦实现之日，就是你的梦成功之时。

所以，先把心定住，通过大量学习和实战奋斗，帮助“准二号人物”更加了解和认识自己，更加明确自己与企业、自己与他人之间的关系，尤其是对于金钱和生命价值的深刻认知。

Jacky Lu 相信，只要坚持正确的理念和方法，朝着正确的目标不断努力，“准二号人物”一定能够成为一座被团队拥戴与需要的正能量的桥梁，能够成为一名出类拔萃的以身作则的成功管理者！

姚虹就是被 Jacky Lu 相中的那个潜力股选手。

我是一只小小鸟，做梦都想越飞越高

姚虹生长在一个非常贫穷的家庭，家里还有一个弟弟和一个妹妹。

随着年龄一年年长大，看到很多同学的爸爸都很有钱，而自己的爸爸却连孩子的学费都交不起，姚虹心有不甘，迫切想通过自己努力挣钱帮助家里。

可是，像姚虹这样没有学历没有专长，想挣钱谈何容易？

于是姚虹就问她的一个堂姐，有没有一个可以让自己凭本事可以挣钱的行业。

堂姐想了想，说她有一个让她特别崇拜的好友，刚刚创业成立了一家美妆公司，非常红火。

于是，姚虹问堂姐：“那他家现在有没有车子和房子呀？就像学校里的那些有钱人一样呢？”

“也许车子和房子并不必意味着真正的富有或拥有成功的事业，这个人现在似乎正在建立一个属于自己的‘帝国’，而且我相信几年内，他会成为一个非常成功的人。”堂姐的答复让姚虹又兴奋起来了，姚虹马上表示希望能够到这家公司去做事赚钱。

姚虹那年 17 岁，因为没钱交学费，就只能放弃学业，堂姐的推介让姚虹有机会和创业中的 Jacky Lu 会面。

第二天姚虹坐车来到无锡，按地址来到一个十字街口，在一栋楼前面灯火阑珊处停了下来。

对面有一家 4 间门面的美妆公司，临街玻璃窗展示着一个斑斓迷离的世界。在玻璃窗里面，一个很帅的男孩手里拿着一个盘发的梳子，在一个女孩的头上盘来盘去。姚虹不知不觉地走进去，静静地站在这个叫紫轩的美妆造型师身旁，看着他的双手在轻盈的旋舞，又轻盈地坠落、重叠……那么潇洒而又惊心动魄，那么自然、随意、欢乐、执拗地潜入了她的生命。

紫轩回头看着姚虹，用带苏北口音的普通话问：“你好，你是来做形象造型吗？”

“我……我只是想看看。”姚虹犹豫着，不知该说什么好。

紫轩埋下头去，继续很投入地工作。

姚虹意识到自己贸然进屋的唐突，连忙小心地退后。

走了几步，姚虹又恋恋不舍地回头看看，带着无限的惆怅，她意识到自己仿佛失落了什么，又带着几许兴奋，好像寻找到了什么。

姚虹伸出自己的双手，小心地捏紧又放开，一颗心怦怦地乱跳起来，心底深处潜藏的思潮来势迅猛，头脑中那么清晰地显现着一个关于美丽的梦想。

就在这个时候，姚虹突然意识到：直到今天自己才算是真正地看清了这个未知的大千世界，走进了也许会适合自己耕耘的热土，并且似乎孕育了一个一生中最重要的选择。

一双柔韧灵巧的手，它居然能神奇般地使女性变得容光焕发美丽漂亮，这不正是一个值得自己全身心投入的具有创造性的事业吗？

就在这一刻，对于姚虹来说，天地变得明亮纯净起来，心儿像一朵被催开的花朵缓缓舒展，一道道美好的声音在夜空中浮动，浪漫而深远……

超越平凡的大树宣言

我热爱属于自己的生活，即便这份生活有艰辛和无奈，不像梦想中那么精彩，但是我依旧用百分百的热诚和激情拥抱这一切，因为我深深懂得：生活是用来珍惜和创造的。

我热爱生我养我的爸爸妈妈，即便老人家已经白发苍苍，有些跟不上时代的步伐，但是我依旧用满腔的感恩与孝心来爱他们，因为我深深懂得：没有爸爸妈妈就没有我，养育之恩一生都报答不尽。

我热爱给我立足之地和生命尊严的祖国，即便这个国家还有这样那样的不完美，但是我依旧用全部的生命力量努力建设祖国，回报人民，因为我深深懂得：强大的祖国是幸福生活的守护神，没有“大家”哪有小家？

我热爱我的工作，即便工作本身存在诸多的不如意，也许未来我会谋得更好的职位，但是我依旧勤奋自强爱岗敬业，因为我深深懂得：一步一个脚印，只有先创造工作价值，才能得到酬劳与荣誉。

我热爱我身边的人，即便大家萍水相逢然后各奔东西，但是我依旧真心真意善待与每一个人的同处时光，因为我深深懂得：善良真诚是所有人的笑脸，人与人之间的美好互动是世间最珍贵的礼物。

我热爱这五彩斑斓的神奇世界，即便有风有雨有无常变幻，但是我依旧带着孩子般的纯真敢爱敢恨，始终微笑前进，因为我深深懂得：这个世界是爱与祝福的花园，不是仇恨和自私的荒漠。

我热爱这个独一无二的自己，即便我离圣贤修为还有很长的距离，但是我依旧鼓励自己每天进步一点点，每天真诚付出一点点，因为我深深懂得：我只购买了人生的单程票，我有自己必须承担的责任和使命，所以我必须好好活着，好好走下去。

我热爱每天的日出东方，热爱每一次的清新互相，我感恩过去的经历让自己成长，感恩未来还有梦可以去追寻，我感恩心中有爱温暖旅途，感恩一路有你，快乐前行！

这些宣言诠释了超越平凡的意义，与此同时，它也代表了姚虹此时此刻的心情。

人生从你下定决心的那一刻开始改变

突然，远处一位大姐姐走过来，她穿着白色衬衫和外套，衣服烫得很平整，显得整个人的气质很好。她来到姚虹身边微笑着说：“有什么需要帮忙的吗？”

姚虹说明来意后，这位大姐拉过一张椅子，让姚虹稍坐片刻，她向里面一个房间走去。过了一会儿，她回来说："Jacky Lu 让你进去。"边说边推开门。

当姚虹举步跨过这间美妆室进入到狭小的办公室的时候，感到有些莫名的慌乱。这间办公室里塞满了书，在沙发上坐着个中等身材的男孩，第一眼就能给人洞察秋毫、精力旺盛的印象，他就是 Jacky Lu，身高大约有一米七零，体型匀称，非常富有感染力。

"听你堂姐说你很想成功并想学习赚钱的方法，对吗?" Jacky Lu 微笑着问道。

姚虹快速地点点头，心里有点儿忐忑，因为在他的微笑和话语后面似乎隐藏着一股很强的力量。

"真的很想吗?" Jacky Lu 追问。

"真的很想!"姚虹回答得很坚决。

"那么，你真的好好想过，成功到底需要你付出什么吗?" Jacky Lu 紧盯着姚虹，语气缓慢而有力。

"……"姚虹竟一时有些语塞，手心开始微微地沁出细汗。是啊，大多数时间，自己都在不断设想获得什么样的成功以及成功之后的景象，但的确没有好好地，仔细地想过——成功需要自己付出什么。

"你先得告诉我，你是想要轻松赚大钱还是一定要?!" Jacky Lu 又问道。

"有差别吗?"姚虹问道。

Jacky Lu 阐述自己的观点："当然有差别!'想要'和'一定要'是不一样的。很多事情看起来很困难，可是当你真正下定决心以后，它就会变得非常简单。很多人时常把下定决心挂在嘴边随便说说，今天说：我决定要这么做了。明天又说：我决定那么做了。后天又说：我决定放弃了……因为这些人都没有把下定决心当作是一件严肃的事情。而我认为真正的决定是一种强烈的欲望，不成功决不罢休的欲望，一定要做到成功为止。否则决不放弃，这才是真正的下定决心。”

“记住，你的人生从你下定决心那一刻开始改变，你今天所做出的任何一个决定都决定了你的人生。我的很多朋友想赚大钱，想让自己把公司管理得规范起来，也有很多朋友想戒烟，想突破自我，想严格要求自己，想要自己的人生多姿多彩，等等。可是经过很多年，尝试了很多次，他们还是不成功。于是，我把这一种观念告诉他们，结果他们现在都有了相当大的改变。就好比现在大多数人都知道运动对于健康的重要性，大多数人也都希望自己健康，但是有多少人会坚持运动呢？尽管是人人都知道的道理，可依然没有几个人能做到。每一个人都知道事情应该怎么去做才能成功，但为什么没有成功呢？问题的根源就在于知道却没有做到，当然也就不能达成想要的结果。有个公式叫作：知道 + 做到 = 得到。对不对？”

“对！”姚虹急忙回答。

Jacky Lu 继续说：“清晨醒来，在床上想着应该去运动、应该去看书或应该去做某件事情了，但马上就给自己找了很多的理由，让自己多躺一会儿、等会儿再去做，结果是躺在床上一动不动，自然也就梦约周公了。所以，我们每个人都应扪心自问一下：我是否曾经这样做过？”这时，姚虹的脸立马红了起来！

“很多时候你必须明确你想要什么，然后以‘一定要’的决心去实现它，是还是不是？”

“是！”姚虹马上回答。

“所以，我告诉你：如果你是‘想’要成功，恐怕一辈子也不会成功的。不相信？你去问马路上的流浪汉他们想不想成功？他们可能也想成功；你去问餐厅服务员，她们想不想年收入 10 万元？她们也想；你去问在等公交车的老太太，她们想不想坐奔驰坐宝马？她们当然也想。可他们为什么做不到呢？因为她们都只是‘想’。”

“你到底要成为什么样的人？做一番什么样的事业？过什么样的生活？

交什么样的朋友？你到底有没有想过呢？你还记得你5年前在做什么吗？当时有没有问过你自己，5年后你会是什么样？你的回答也许很多很多。然而，5年后的今天，我们看一看，当初你所做的承诺兑现了吗？实现了吗？假如没有的话，再请你想一想，5年后你要做什么？假如你还不愿下定决心的话，5年很快又过去了。你的人生有多少个5年？就在一眨眼中就不见了，你这辈子就在平平淡淡中浪费了生命，千万不要只是幻想，一定要下定决心，因为你的人生决定于你所做的决定!"

姚虹突然间感到了一种震撼，甚至惊愕。

每个人的未来都是自己创造的，不管你是否意识到，每天你都在做出自己的选择。你喜欢什么，不喜欢什么，想要什么，不想要什么，归根结底，都是一种选择。对于姚虹来说，她想自由自在地周游世界，想以自己喜欢的方式生活，想在自己年轻的时候就能做到这些，想自由自在地支配自己的时间和生活！这是姚虹的选择。

事实上，我们每天都应该进行一个选择：也就是选择如何利用自己的时间、自己的金钱以及我们头脑里所学到的东西去实现我们的目标，这就是选择的力量。

怎样才能变得拥有财富

还没等姚虹从这种情绪中恢复过来，Jacky Lu又接着说道："我相信，现在的你一定是回答'我一定要'的人。所以，接下来如果你能够坚持下去，我会给你讲解轻松赚大钱的全部奥妙和策略。但是，我仍然需要你承诺，你永远要问自己这个问题，并在适当的时候尽可能地把它告诉给每一个人。"

"我保证!"姚虹语气中充满了虔诚，还有敬畏。

"好，这就是我的建议，由我来培训你如何成功，但没有工资，因为你现在是学生。但我不会像在学校里教学生那样教你，你得为我工作两年，否则我不教。因为通过工作我可以更快地教会你，如果你只想坐着听讲，就像学校里那样的话，那就是在浪费时间了。怎么样？这就是我的建议，你可以接受也可以拒绝。”Jacky Lu 神情淡定，语气却是不容置疑。

“嗯……我可以先问个问题吗？”姚虹问。

“不能，你只能告诉我是接受还是拒绝。因为我有太多的事要做，不能浪费时间。如果你不能下定决心，就永远也学不会手艺。要知道，机会总是转瞬即逝，要想成功，必须迅速做出决定！你看，现在你有一个你想要的机会，但这个“学校”，可以在 10 秒钟内开学或者关门，那么你……”Jacky Lu 微笑着看姚虹，却并没有说下去。

“接受！”姚虹说。

“好！你现在可以在公司做一些卫生工作，没有星期天。”

“但我今天可能要去看我的一个哥哥。”姚虹说。

Jacky Lu 用低声调严厉地说：“接受或者拒绝。”

“我接受。”姚虹赶忙回答，“我决定留下来学习，不去看哥哥了。”

就这样，姚虹每天从早上 7 点 30 分起，就正式开始学习练习一些基本功。

当时公司内有一位很有耐心的姐姐叫黛蓝，姚虹叫她师姐，她不断地强调应该努力工作，不断地让姚虹做事，反复地练来练去。美妆手艺真的很乏味，晚上下班也不能出去玩，吃的也不好，也没零用钱，几个月后，姚虹准备放弃了。想想自己是出来学技术的，而现在却天天在搞卫生和练习一些手法，成了没有工钱的“奴隶”，更糟糕的是，自从那次谈话后，姚虹就一直没见到姚虹的老师——Jacky Lu。

所有那些渴望超越生活，渴望通过自己努力赢得成功的人，最初一定不是追求平衡和安定的。要想取得进步，你就必须先做到改变生活，改变性格，改变思维模式和做事方式，进而改变环境，只有勇于主动创造“不平衡”，才能使自己在不断的突破与创新中发生蜕变。

生活中也有很多追求平衡的人，他们不想改变什么，只会在原地踏步而不会前进。人们之所以无法向前迈进，因为他们想守着那些看似安全的东西，眼睁睁地看着时光流逝，心中的懦弱与纠结使他们不断错过人生的重要机会，最终无所作为。

Jacky Lu 带给姚虹不同的观点：顾虑和愤世嫉俗的心态使大多数人一直生活得贫困但貌似安全，但是现实世界等着有梦想的人去创造，去致富，去追求并得到自己所想要的崭新生活。

带着十二万分的热情去做你心里认为正确的事，没什么可犹豫的——走自己的路不管别人怎么说。

低头为钱工作的人无法超越金钱

“我要离开，我不想继续下去了!”吃晚饭的时候，姚虹对黛蓝说，“店内的饭菜糟透了，天天练习那些枯燥无味的手法，一点劲都没有，想出去玩一玩都不可以!”

听到姚虹这么说，黛蓝却得意地笑了。

“你笑什么?”姚虹沮丧而气恼地问。

“Jacky Lu 早料到了！他说如果你不想干了，就让我带你去见他。”黛蓝轻描淡写地说。

“什么?”姚虹感觉受到了愚弄，气愤地问，“他早就在等我去找他?”

“是的，咱们 Jacky Lu 是个不一般的人，他跟其他的人的教育方法不一样，你要等到下个星期一晚上，我会告诉他你已经准备好了!”

“你是说我被设计了?”姚虹有点恼火。

“这不肯定，但有可能。到时 Jacky Lu 会说明白的。”黛蓝很淡定。

姚虹已经准备好要面对 Jacky Lu 问个明白，连姚虹的爸爸妈妈也生气了。

姚虹打电话回去告诉家人，Jacky Lu 没有教姚虹手艺，没有教姚虹如何赚钱，学不到东西，吃不好，苦死了。

姚虹的爸爸妈妈认为 Jacky Lu 一点都不给朋友面子，太不像话了。

姚虹的爸爸妈妈让姚虹去和 Jacky Lu 谈谈工资，如果不给，就回家来，不要学了，找个工厂去上班。

星期一晚上 9 点，姚虹刚一见到 Jacky Lu，还没来得及说话，Jacky Lu 就对姚虹说：“你要求拿工资，否则你就不干了，是吗?”

“你不讲信用!”姚虹脱口而出，眼泪差点掉下来，她觉得自己挺委屈的。“你说过如果我为你工作，你就会教我学技术，教我赚钱。我给你干活，每天工作很努力，而你却说话不算数，整天让我搞卫生和练习那些枯燥无味的手法，你什么也没教我！就像有些人说的那样，你言而无信，还贪心，你想自己要挣来所有的钱而毫不关心你的员工。”姚虹像在控诉 Jacky Lu。

Jacky Lu 坐在椅子里，向后靠着，他清澈睿智的双眼盯着姚虹，好像在研究姚虹。

“不错!”Jacky Lu 说道，“现在你看上去就像大多数给我工作的人了，他们要么被解雇，要么辞职不干了。”

“这正是我想要做的!”姚虹说道。突然姚虹觉得自己很有勇气，“你骗了我，我做了这么久，而你不守信用，你什么也没教我。”

“真的不错，还不到三个月，你已经有点像我的其他员工了。”Jacky Lu 平静地说。

“什么?”姚虹并未听明白 Jacky Lu 的话，心里更加气愤不已，“我想你会很好地教我，但是你却想折磨我，这太残忍了，真的太残忍了!”

“我正在教你。”Jacky Lu 平静地说。

“你教我什么了？什么也没有!”姚虹生气极了，“自从我为你干活以来，你甚至没有和我说过话！你什么也没教我！”

“你怎么知道我什么都没教你？”Jacky Lu 仍然平静地问姚虹。

“你从不和我说话，我给你干了三个月，而你什么也没教给我。”姚虹噘着嘴说。

“教东西一定要说或讲吗？”Jacky Lu 问。

“是呀！”姚虹回答道。

“那是学校教你们的方法，”Jacky Lu 笑着说，“但生活可不是这样的教法，你知道吗？生活才是最好的老师。大多数时候，生活并不对你说些什么。他只是推着你转，每一次推，他都像是在说：醒一醒，我想让你学学真东西。”

这家伙在说些什么？姚虹不禁暗自问自己：生活推着我转就是生活在对我说话？现在我知道我一定学不下去了，我正在和一个吹牛的家伙说话。

Jacky Lu 仍在不紧不慢地说：“假如你弄懂了生活这门大课，做任何事情都会游刃有余。但就算你学不会，生活照样会推着你转。生活中，人们通常会做两件事，一些人在生活推着他转的同时，抓住生活赐予的每个机会；而另一些人则听任生活的摆布，不去与生活抗争，他们埋怨生活的不公平，因此他们空闲的时候，就像个老太婆一样，整天东家长李家短，今天你不好，明天他不好，公司领导又怎么怎么样了，又如何如何了，整天抱怨、牢骚、指责，在他人面前搬弄是非。其实，当你用一个指头指向别人的时候，别忘了有三个指头正指向你自己。人们不知道生活也赐予了他们改变的机会，所以说，我们空闲静坐的时候，要多想想自己的问题，问问自己哪里做的还不到位，哪里做得还不够优秀，哪里还有待于改进。否则，为什么自己得不到领导的赏识和肯定呢？记住，抱怨不能解决问题，不能给你带来财富和幸福，它只会让你失去更多，只有思过，总结，检讨，改进、坚持，克服，才能带来你真正想要的幸福、财富和更多。”

姚虹听着这些话，似懂非懂。

Jacky Lu 继续说道：“生活推着我们所有的人，有些人放弃了，有些人在抗争。学会了这一课的少数人会进步，他们欢迎生活来积极地推动他们。对他们来说，这种推动意味着他们又可以去学习一些新的东西，然后再进步。当然，大多数人还是放弃了，一部分人像你一样还在抗争。”

Jacky Lu 站起来：“如果你学会了这一课，你就会成为一个智慧、快乐而富有的人；如果你没有学会，你就只会终生抱怨工作，抱怨没钱和难以相处的老板，你会生活在一劳永逸地把你所有的钱的问题都解决的幻想中。”

Jacky Lu 凝神盯着姚虹，以确认她是否在认真听自己讲话。

他的眼光和姚虹相遇，两个人互相对视着，通过眼睛互相交流着。

最后，当姚虹接受了 Jacky Lu 全部的信息后，Jacky Lu 将眼睛转开了。

姚虹知道他是对的，她需要向 Jacky Lu 学习。

Jacky Lu 继续说：“如果你是那种没有毅力、没有信心、没有爱心的人，你将放弃生活对你的每一次推动。这样的话，也许你的一生会过得稳稳当当，不做错事，然后，在无聊中老死。你会有许多像你一样的朋友，希望生活稳定，处世无误。你对生活屈服了，不去承担风险，又幻想成功，而失去了的恐惧超过了成功的兴奋。事实是，你内心深处始终认为你不可能赢，所以你选择了稳定。”

两个人的眼光又相遇了，足有十秒钟之久。

就这样互相注视着，直到相互明白了对方的心意。

“你真想推动我吗?”姚虹问。

“可以这样说，但我宁愿说我是在让你品尝生活的滋味。”Jacky Lu 微微一笑。

“什么是生活的滋味?”姚虹问，虽然怒气未消，但充满好奇，甚至准备聆听“教诲”了。

“你是第一个请求我教你如何赚钱的人。我有 80 个员工，但没有一个人请教过我这个问题，他们只是要求一门技术或求一份工作，并获得报酬，他们把一生中最好的年华用来为钱而工作，都不愿去弄明白工作到底是为了什么。”

真正的富人让财富为他们工作

“在今天这个快速变化的世界中，并不要求你去学太多的东西，因为当你学到时往往已经过时了，问题在于你学得有多快，也就明白生活正在进行的变化，掌握快速学习的技能，这种技能是无价之宝。如果你想赚到钱，寻找一条捷径是非常关键的。所以，当你姐姐告诉我你想学如何轻松赚钱时，我就决定设计一个和真实生活相近的课程。其实我也可以说得妙语连珠，但是你很可能左耳进右耳出，单纯的语言未必对你有那么大的帮助。所以，我决定让生活给你演示一下。这样你就会听懂我想说的话了，这也就是为什么我不给你工资的用意。”Jacky Lu 语重心长地说。

“那么，每天让我练一些枯燥无味所谓的基本功，还要搞卫生，又有什么教导的意义呢?”姚虹问，“还是说，你可以任意去剥削想要向你学习的人吗?”

Jacky Lu 向座椅后靠去并开心地笑了起来，随后说：“你最好改变一下自己的态度，停止责备我，否则你很难学到真的东西。你是不是以为我有问题? 如果你认为我有问题，你就得想办法改变我；如果你认为问题在你那儿，你就得去学习，然后改变自己，让自己变得更聪明更强大。大多数人认为世界上除了自己以外，其他人都应该改变。让我告诉你吧，改变自己比改变他人更容易!”

“我不明白。”姚虹想到什么就说什么。

“别拿你的毛病来责备我!”Jacky Lu 说，他开始有些不耐烦了，“如果你继续保持这种态度，你就什么也学不到；反过来，如果问题的确在我，你该怎么办?”

“嗯，请你给我工资，并教我如何赚钱。”姚虹很直接。

“噢，是吗?”Jacky Lu 说，“大部分人会这么干，他们辞职，然后去找另一份工作，期望能得到更好的机会，更高的报酬，认为一份新的工作或者更高的报酬会解决所有问题。然而，在大多数情况下，这是不可能的。”

“那我该怎么办呢?”姚虹一脸迷惑。

Jacky Lu 笑了：“有些人会这么做，仅仅因为他们和他们的家庭需要钱而接受这份工资，但他们所做的只是等待，等待着能有机会让他们挣到更多的钱以便使问题解决。于是，大部分人接受了别人发工资的打工方式，有些人做两份三份工作，并且非常努力的工作，但是，他们仍然不能挣到让自己满意的钱。”

姚虹坐在那里，眼睛盯着地板，逐渐开始听懂 Jacky Lu 的特殊一课。

是啊，这的确是生活的原味。

沉思了许久，姚虹抬起头来，又重复了前面的问题：“那么怎样才能解决问题呢?”

“用这个，你两个耳朵之间的这个家伙。”Jacky Lu 边说边轻轻地拍了拍姚虹的脑袋。

直到那一刻，Jacky Lu 才显示了他区别于其他人的最关键的东西——这一点让他最终成为了这个行业的佼佼者，成为了生活和事业的冠军。包括 Jacky lu 的父母一生都在为钱的问题抗争，Jacky Lu 独特的观念使他的一生都与众不同。Jacky Lu 后来又一遍一遍不厌其烦的讲到这个观点，这就是姚虹称之为“第一课的内容”：穷人为钱而工作，富人让钱为他们工作。

“我很高兴你为整天工作而没有工资而生气，真正的学习需要精力、激情和热切的愿望。说到钱，大多数人希望安安稳稳地挣到，他们很少有挣钱的激情，于是，只好每天担心没钱的恐惧。”

“但你有钱，没有觉得应该多给点钱给你的员工吗?”姚虹问。

“没有必要，而且，再多一点钱也不会解决问题。比如很多父母希望他的孩子努力学习，得到好成绩，这样就能在大公司里找一份稳定的工作，而且会收入不菲。可是，当孩子进了高中，然后上大学，而且也受到很好的教育，也许能得到一份高薪的工作，可他最终还是为钱所困，原因就是他在学校里从来没有学过关于钱的知识，而且最大的问题是——他相信工作就是为了钱。”

“你不这样认为吗?”姚虹又问。

“当然不是。”Jacky Lu 坚定清晰地说，“如果你想为钱而工作，那就待在学校里吧，那可是一个学习这种事情的好地方；但是，如果你想学习怎样让钱为你所用，那就让我来教你！不过，首先你要确定自己一定要学。”

“难道不是每个人都想学吗?”姚虹问得不厌其烦。

“不是，”Jacky Lu 说，“因为学习为钱工作很容易，特别是当你谈到钱时的第一感觉是恐惧时，学习为钱工作就更容易了。可是，学习怎样使钱为你工作却要难得多。”

“我还是不明白。”姚虹皱着眉头。

“别担心，你只需要知道：正是出于恐惧心，人们大多害怕失去工作，害怕付不起账单，害怕遭到火灾，害怕没有足够的钱，害怕挨饿等，所以大多数人期望得到一份稳定的工作。为了寻求稳定，他们会去打工，拼命为钱而工作，大多数人成了钱的奴隶，然后把怒气对准他们的老板。”

“学习让钱为我所用是一种完全不同的课程吗?”姚虹显然来了兴致。

“是的!”Jacky Lu 重复道，“绝对不同！在我们这个公司里，有很多人因不理解而离开了，但我相信你和很多人不一样，你应该庆幸能来到我身边学赚钱，这是一个英明的选择。”

怎样让财富为我所用

“准备好了吗?”Jacky Lu 问。

“准备好了吗?”Jacky Lu 又问。

“是的。”姚虹咧嘴笑了。

“我可是遵守诺言的，我已经带你去看到了你的未来。”Jacky Lu 说，“18 岁，你已经有了为钱而工作的体验，只需把上个月重复 50 年，你就知道大多数人是如何度过一生的了。”

“我不明白!”姚虹说。

“你两次等着见我时有何感觉? 一次是被我同意让你来公司学习，一次是要求付工资给你。”

“真可怕。”姚虹说。

“如果选择为钱而工作，这就是你今后所过的生活。”Jacky Lu 坐在椅子上，用眼睛看着姚虹说。

“我想教你学会支配钱，而不是害怕它，这在学校里是学不到的，如果你不学，你就会变成金钱的奴隶。”

显而易见，Jacky Lu 想让姚虹扩展视野，这一切，是很多在打工的员工们看不见，他们的父母也看不见的。Jacky Lu 用了听起来很无情的例子，但这些例子姚虹始终不会忘记，姚虹的视野在那天被打开了，开始注意到大多数人是如何度过一生的了。

“真的准备好跟我学习了吗?”Jacky Lu 热切地问。

姚虹缓慢但坚定地点点头。

“我得告诉你，这里头有不少东西要学，学习怎样让钱为你所用，将是一个漫长的不断学习的过程，或许会持续一生。大多数人上了四年大学后，教育也就到头了，可我会逼自己一辈子去研究钱这东西。因为我发现，研究得越深，知道的东西也就越多，对金钱的驾驭感就越好。大多数人从不研究这个题目，他们去上班，挣工资，然后去开销，总也不明白为何总是被钱所困扰，于是以为多点钱就能解决问题，却几乎没有人意识到缺乏财务知识，才是他们真正的问题所在。这就是只知道为钱工作，而不知如何让钱为你工作的代价。我再问你一遍，你有热情学习吗？”

姚虹坚定地点头。

“好。”Jacky Lu 不容置疑地说，“现在回去干活，这次我决定两年不给你钱。”

“什么？”姚虹大吃一惊。

“听着，什么也不给，你不是说想学习不为钱而工作吗？所以我什么也不给你。”

姚虹几乎不相信自己的耳朵。

“这不公平！”姚虹有些激动地说，“你总得给点什么呀！”

“你说过你想学习，如果你现在不学，有一天就像你看到的那些员工们一样整天为钱而奔波，当然我也可以付你一点工资，你可以像其他人那样，抱怨这里工资太低，辞职另找工作。”

“我还是不明白。”姚虹有些发蒙。

Jacky Lu 走过来，拍了拍姚虹的头：“请动动脑子，我是要教你成为一个自由驾驭财富的人，而不是靠打工挣钱的工薪阶层。用金钱喜欢的方式去赢得金钱，用这种方法去不断地创造，金钱会源源不断，会比我付给你的工资多很多，你还会看到别人看不见的东西。如果你不能控制自己，就别想着能成为真正的富人。记住，首先需要支付你自己，这是自律的力量。”他说，“你需要好好想一想，想明白了，你会感谢我给了你一个难得的机会，让你成为有钱人。”

姚虹站在那儿不相信达成的新协议，本以为只要半年多时间就有钱了，而现在 Jacky Lu 却告诉自己要两年白干！

看出姚虹的狐疑，Jacky Lu 又一次拍着姚虹的头说：“慢慢想去吧，现在出去开始学习工作！”

其实，你学习什么样的人，就会成为什么样的人。你得注意你所要学习的内容，因为你的精神力量非常强大，你相信什么，就会选择什么；你选择什么，就会学习到什么，于是，你就会成为什么样的人。在今天这个快速变化的世界中，并不要求你去学太多的东西，因为当你学到时往往已经过时了。如果你想赚到钱，学习力与执行力是非常关键的。想脱颖而出就需要掌握快速学习的力量，看准，快学，迅速实践，这种技能是无价之宝。

战胜欲望，财富才能靠近你

这次谈话之后，姚虹没有对爸爸妈妈说自己两年内没工钱了，他们不会理解的，况且自己也还没弄明白这件事。

接下来的日常工作不再让姚虹心烦，日子显得也好过些了。

有一天，Jacky Lu 把姚虹叫到办公室。“还好吗？”他问。

“挺好。”姚虹说。

“那你学到了什么没有？”

姚虹耸耸肩，摇了摇头。

“你正在学习一生中最重要的一课，你应该学会思考，”Jacky Lu 说，“如果你学会了这一课，你将一生享受自由和安宁，如果没有学好这一课，你就会像所有员工一样，工作一天挣一天的钱，工作一年拿一年的钱。假如有一天你因为其他原因而不工作，你将马上没钱。如果喜欢这样，我就给你每月 1500 元的工资。”

“但他们都是努力工作的好人啊，你在嘲笑他们吗？”姚虹问。

一丝笑容浮上了 Jacky Lu 的面庞："我对所有的员工就像自己的兄弟姐妹一样，我决不会那么残忍地对待她们。我上面的话可能听起来很无情，可是我正尽力向你说明一些事情，我想拓宽你的视野，以便让你看清一些东西。这些生活的真相，甚至大多数做父母的人也从没有看见过，因为他们眼界狭窄，大多数人从未认识到他们身处困境。"

姚虹还是不太明白 Jacky Lu 的话，这听起来很无情，然而，她能感到 Jacky Lu 确实急于想让自己明白一些事情。

Jacky Lu 笑着又说话了："1500 元一个月怎么样？这样是否能让你心跳加速了？"

姚虹摇摇头说："不会啊！"

可事实上，1500 元一个月对姚虹而言，可真是一大笔钱啊！

"好，每月给你 2500 元。"Jacky Lu 带着狡黠的笑容说。

姚虹的心开始狂跳，头也开始发晕，"接受，快接受！"姚虹的心里在喊。

但姚虹不相信自己所听到的，所以什么也没说。

"好吧！每月 5000 元。"Jacky Lu 继续加码。

姚虹那大脑和心脏几乎要爆炸了！

毕竟那时，每月 5000 元将使姚虹成为有钱女孩！

姚虹无法想象能得到这么多钱，姚虹特别想说"好的"！

姚虹真想达成这笔交易，她似乎看见一台崭新的笔记本电脑，完全属于自己的单身公寓，以及同事朋友们羡慕的表情，最重要的是：别人再也不能叫自己"穷人"了！

但是，姚虹不知为什么，仍然没有开口。

也许姚虹的脑袋已经热昏了，但内心深处，她明白自己特别想要那每月 5000 元。

Jacky Lu 看着姚虹盯着他，他明白虽然这个女孩眼睛睁得大大的，脑子里却空空如也。

事实上，Jacky Lu 正在考验姚虹，而且他也知道姚虹很想接受这笔交易，他知道每个人都有可以被击中的弱点，也知道每个人都有一种强大、坚定、无法用金钱装饰的精神，问题在于哪一部分更强大。

Jacky Lu 已经考验了成百上千的人，每次的招工面试都是一番对人性的考验。

“好，8000 元每个月！”Jacky Lu 说得明白无误。

听到这个近乎神话的数字，姚虹的内心突然平静下来，她清楚自己内心发生了一些变化。

这个出价太高了，显得有些荒谬，连“海龟”博士也没有几个人可以每月挣 8000 元的。

这时，金钱的诱惑神奇消失了，姚虹开始平静下来，灵魂中软弱而贫乏的一面沉默了，而无法用金钱收买的一面占了上风。

面对金钱，姚虹第一次开始心安神定。

“很好，”Jacky Lu 轻轻地说，“大多数人都希望有一份工资收入，之所以会这样，是因为他有恐惧和贪婪之心，先说恐惧感，没钱的恐惧会刺激我们努力工作。当我们得到报酬时，贪婪的欲望又开始让我们去想所有那些钱能买到的东西，于是，这就形成一种模式。”

“什么模式?”姚虹问。

“起床、上班、付账，再起床、再上班、再付账……他们的生活方式就是在无穷无尽地为这两种感觉而奔忙，恐惧和贪婪。即便给他们更多钱，他们也会以更高的开支重复这种循环。”Jacky Lu 此时像个深刻的哲人。

“有什么法子吗?”姚虹迫不及待。

“有，但只有少数人知道。我希望你能在工作和跟我学习的过程中找到解决的办法，这就是我不给你任何工资的原因。”

“有什么提示吗？我工作得很累，尤其是知道自己白干的时候。”姚虹毫不隐瞒。

“哦，第一步就是讲真话。”Jacky Lu说。

“我可没有撒谎。”姚虹叫道。

“我没说你撒谎，我是说要分清真相。”

“那什么是真相?”

“靠你自己的感觉，除了你自己，谁也不能真正明白你的感觉。”

“你说所有正常上班的人，他们都没弄清楚这些东西?”姚虹似乎有所领悟。

“钱主宰着他们的生活，他们拒绝去分清真相，钱控制了他们的情感和灵魂。”Jacky Lu意识到姚虹已经尽可能地吸收了他的话后，接着说，“我希望你避开这个陷阱，这就是我想教你的，而不只是发财，发财并不能解决问题。”

“发财真的不能解决问题吗?”姚虹惊奇地问。

“真的不能。让我谈一谈另一种人性——欲望。有人把它称为贪婪，但我宁可用欲望这个词，人们渴望一些东西更好、更漂亮、更有趣，或更令人激动，这是相当正常的。遗憾的是，人们总为了实现欲望而最终变成是为钱工作。他们认为钱能买来快乐，买来满足，买来更多的舒适和更多的安全，于是，他们一再工作，以为钱能使他们那被恐惧和欲望折磨着的灵魂平静下来，但实际上，钱无法满足他们的这种欲望。”

显而易见，Jacky Lu想使姚虹扩展视野，看清金钱的真相。

这一切，姚虹的师姐师兄们看不见，姚虹的爸爸妈妈也看不见，但是姚虹自己逐渐明白了。

Jacky Lu用了这样似乎很无情的表达，让姚虹的内心被深深震撼，这丝光亮她永远不会忘记。

把真相看明白，财富其实很乖

姚虹的视野就在那天被打开了，她开始注意到大多数人所面临着的“陷阱”。

“你看，我们最终都是雇员，只不过处于不同层次而已。我只希望更多人有机会避开由恐惧和欲望组成的陷阱，能按你喜爱的方式选用恐惧和欲望，别让恐惧和欲望控制你。这就是我想教你们的。我对教你们如何挣大钱没有兴趣，那解决不了问题。如果你们不先控制恐惧和欲望，即使你们有钱，也只不过是高薪的奴隶而已。”

“那我们该怎样避开陷阱？”姚虹已经能跟上 Jacky Lu 的思路。

“造成贫穷和财务问题的主要原因是恐惧和无知。”Jacky Lu 盯着姚虹。

“你谈到对缺钱的担心，那么对钱的欲望会怎样影响到我们的思想呢？”姚虹问。

“当我用更高的工资引诱你时，你有什么感觉？你感到欲望在膨胀吗？”

姚虹点点头。

“但你没有向感觉屈服，你推迟了做出决定，这是极为重要的。我们总是有着恐惧或贪婪之心。从现在开始，对你来说，重要的是运用这些感情为你的长期利益谋利，别让你的感情控制了思想。大多数人让他们的恐惧和贪婪之心来支配自己，这是无知导致失败的开始。因为害怕或贪婪，大多数人生活在挣工资、加薪、劳动保护之中，而不问这种感情支配思想的生活之路通向哪里。这就像一幅画：驴子在拼命拉车，因为车夫在它鼻子前面放了个萝卜。车夫知道该把车驶到哪里，而驴却只是在追逐一个幻觉。但第二天驴依旧会去拉车，因为又有萝卜放在了驴子的面前。”

“你的意思是，当时在我脑海中的那些车子、房子的影像就像那驴子面前的萝卜一样喽!”

“不错，”Jacky Lu 解释道，“人生实际上是在无知和幻觉之间的一场斗争。一旦一个人停止寻求知识和信息，就会变得无知。因此，人们需要不停地与自己作斗争：是通过学习打开自己的心扉，还是封闭自己的头脑变得更加愚蠢。学校是非常重要的地方，人们需要在学校学习，并成为对社会有益的人。每一种社会文明都需要教师、医生、工程师、电子商务师、美工师、形象设计师、美容师、美甲师、美妆师、艺术家、厨师、美发师、商人、按摩师、警察、消防队员、化妆师、士兵等。学校培养了这些人才，所以我们的社会可以兴旺发达，但不幸的是，对许多人来说，学校是学习的终止而不是开端。”

接下来是长长的沉默，Jacky Lu 依旧微笑着，姚虹还没弄明白他说的全部含义。

但是，姚虹已经意识到自己的生命正在发生改变，而 Jacky Lu 确实是个很伟大的老师。

“继续工作，很快你就会忘了工资的事，这对你来说，比较容易做到。继续用你的脑子思考，无代价的工作会让你思考更多，慢慢的你就会把财富和成功的真相看明白，那个时候，你会发现财富其实很乖。而且，很快你就会发现真正挣钱的方法很多，乐趣也很多。机会就在你面前，大多数人看不见这种机会，因为他们忙着寻找金钱和安定，所以他们得到的也就很少。当你看到一个机会时，你就已经学会了并且会在一生中不断地发现机会。当你找到机会时，我会教你其他的，学会了这些，你就能避开生活中最大的陷阱，就不会感到恐惧了。”

Jacky Lu 的话在姚虹耳边回响了很多年，直到现在，姚虹还在回味其中的道理——“学会让感情跟随你的思想，而不要让思想跟着你的感情。当我在用更多的金钱诱惑你时，你能抵制住感情和欲望的冲动，这是成长的第一步。当你控制了自己的感情，同意免费干活时，我就知道你还有希望，你的成功道路起航啦！”

没有付给姚虹工钱，Jacky Lu 却给了姚虹更多的东西和一辈子的财富！

财富本身也是一座桥梁

世界上到处都是有才华的穷人。

在很多情况下，人们之所以贫穷或者只能挣到低于他们能够挣到的收入，不是因为他们已知的东西而是因为未知的东西。这些人只将注意力集中在被动地提高和完善做产品的技能上，却不注意提高销售和发送产品的技能。延伸一点说，世界上真正的富人都知道，勤奋打工只是开始，要想挣到更多钱你就需要创造更多的价值，这是思维方式的问题，而不是简单的数字叠加问题。

我们看到许许多多渴望通过辛苦工作得到晋升和加薪的员工，晋升和加薪是有可能的，但问题是：仅凭晋升和加薪就能够满足他们实现心中梦想的愿望吗？

一般不会。

如果在一家企业满足不了晋升和加薪的要求，有人就会跳槽，但跳槽后缺钱的情况会依然如此。其实如果我们理性分析就会发现：抱有此类心态的工薪阶层不会因为工资的多少而产生什么本质的区别，也就是说打工挣钱很难从根本上改变一个人的命运。

相反，那些能够用思考代替贪婪，清晰区分职业和事业（为自己工作还是为别人工作），明辨资产和负债（能够源源不断带来收入的叫资产，导致账单发生的叫负债），果断把握机会的人，才能够实现为自己和社会创造财富的目标。

那么，金钱本质到底是什么呢？

金钱的表现形式是交换，用金钱交换得到的是当事人需要的某种价值。

金钱的本质是世界上帮助人改变人的力量，所以，金钱本身也是一座特殊的桥梁。

一个人能拥有金钱的数量，和他帮助别人改变别人的能力成正比。

因此，在职场打拼的人一定要放弃单纯依赖晋升和加薪来改善生活质量的想法，而应该在工作中不断思考如何提高自己的创造价值、帮助他人的能力。

简单说，本事越大，越有用；越有用，越值钱；越值钱，还发愁缺钱吗？

永远比别人的期待做得更多

认可产生力量，追随塑造价值。

姚虹已经完全信服于 Jacky Lu，并开始从灵魂深处认可公司的产品，认可公司的团队，认可公司文化，认可公司的发展方向。于是，姚虹开始真正意义上的融入公司，并做到全身心投入，激情奋斗每一天。

事实上，当姚虹决定进入 SHOWMIN（公司名）集团后，先是来到了集团下属的一家形象美妆店当学徒小工。

因为要当一个形象美妆师并非一蹴而就，必须从店里基层的学徒工开始做起。

那是一段艰辛的生活，姚虹每天起早贪黑，手边有干不完的活儿，而且店里的人几乎都会随时派活给她，甚至向她发脾气。很多时候没钱吃早饭，上街什么也买不起，物质上是如此的贫乏，姚虹却并不以此为苦，因为自始至终，支撑她的是一个未来的创业理想——学好手艺，成为一个出色的设计师，然后做老板。

为了这个理想，姚虹不但努力做事，还在仔细思考一个问题：作为基层员工，如果表现不是特别出色，根本不会得到老板的赏识。因此，一段时间后，姚虹就在想如何才能被老板发现并且欣赏！

经过一番观察，姚虹发现老板非常重视环境卫生，特别是洗毛巾，冬天也是必须用冷水洗，这个挑战很大。其他两个学徒就是因为怕冷，不愿意洗毛巾，经常被老板骂，即使去做了，也是敷衍了事。

姚虹觉得机会来了，就主动要求把洗毛巾的工作全部交给她来做，不怕苦不怕冷，坚持主动洗毛巾这件事很快赢得了大家的认可。

老板看到眼里记在心里，慢慢地开始教姚虹洗头，并且在让她自己的头上开始练习吹风造型。对于老板的赏识，姚虹非常感动，就以更加勤奋的工作做回报。因为学徒没有工资，其他小工一般都是抱着能偷懒就偷懒的应付态度，但是姚虹反而尽量主动找事情做，凡是老板交代的事，一定努力在最短的时间内出色完成。

在朝向设计师目标努力过程中，姚虹发现这个行业人员的变换太快了。有的是因为被老板骂了两句；有的是因为嫌这边环境不好，工作太苦；还有的哪里钱多就往哪里跳槽。但是，姚虹明白到哪里打工都一样，即便工资比这里高，但天下没有白吃的午餐，给你多少工资，你必须得付出多少辛劳。更何况如果一个人身在曹营心在汉，吃李家饭盯着张家门，动不动就表示不满，怎么会安心工作，怎么会得到老板的赏识呢？

店里有的美妆师因为一次随随便便的跳槽，就会放弃很多老客人以及熟悉的环境，他们每换一个环境就要从零开始，需要重新累积客人，需要用努力重新赢得信任。可惜的是，有的人做了一段时间后，对曾经这个梦寐以求的工作又开始不满意了，这时又要跳槽，进入另外一个新的工作环境，如此进入一个贬值的恶性循环。

姚虹还发现一个很可悲的事实：当其他新人准备进入他们这家店工作的时候，往往是他们店有人要跳槽离开的时候。有人进来，有人出去，也不知道谁对谁错，因为他们没有那么多的机会看到答案。也许等到他们看到答案时，大概已是三年或五年以后的事情，这就是成长的代价吧。

看着生活这出悲喜剧就在身边上演，姚虹陷入深深的思考：人的一辈子不过几十年，如果在最年富力强的时期，总是好高骛远、心浮气躁，过几年就换一个店去工作是非常不明智、非常可怕的。这种做法对当事人自己不利，对家庭、店面、对自己的未来都是一件非常可怕的事情！

想赢，想获得，一定得有所牺牲。

坚持到最后，你就是赢者！

因为有了这样的思考，在姚虹“执着坚持”和“主动付出积极表现”的努力学习下，她的手艺越来越精湛，渐渐的有越来越多的客人点名道姓只要姚虹服务，老板开始对姚虹越来越重视。有时，姚虹一天服务的客人将近60位，虽然辛苦，但是那份被认可被信任的感觉特别幸福。

那段忙碌的时间让姚虹深刻体会到：即使再恶劣的环境，还是有突破的机会。只要冷静观察环境的变化，培养自己的能力，坚定目标，扭转劣势为优势，坚持到最后，你就一定是赢者！

当然，因为姚虹的优异表现也使得店里其他的学徒冷言冷语，甚至受到了不大不小的排挤。但是，姚虹却不以为然，她明白，如果害怕别人的讽刺嘲笑而不去努力工作，或放弃自己表现的机会，那才是自己的损失，那么未来更不会有好的发展，也没有人会同情。

姚虹本身很优秀，她不仅领悟力强，并且还能举一反三，任何老师培训的课程她一学就会。平时在工作之余，姚虹习惯自己找事做，从不用领导吩咐，洗碗、扫地、做饭都很勤快，甚至还常常带着其他同事一起主动把卫生搞得非常干净。

姚虹的表现让Jacky Lu十分欣慰，不久，她的技术就学好了，而且在管理方面也有很大的提升。

Jacky Lu经常引导姚虹：勤奋打工是为了积累经验和创造机会。如果你在我手下工作了好几年都没当上老板，我会看不起你的。而要想成功开创你自己的事业所必备前提是理解金钱和成功的运作规律，理解什么是生命的自我负责！同时，做老板还需要3种基本的管理技能：一是现金流量管理；二是人事管理；三是个人时间管理。这3项管理技能不仅适用于创业挣钱，而且适用于任何事情。比如，你对自己日常生活的管理或对家庭、企业、慈善组织、城市及国家等的管理，而自律精神可以增强上述的任何一项技能。

在Jacky Lu的人生指导下，姚虹已经懂得：只要心中有梦，脚下就有路；既然自己选择成就与众不同的人生，就要承担超过常人的艰难考验，就要比别人多十倍百倍的心血付出。只有倾尽全力去做别人不愿做的事，才会拥有别人无法企及的成就！

每个人都可以成为被世界需要的“桥梁”

经过了多年奋斗，从学徒到店面经理，再到今日的企业执行总裁，即使自己的职业身份已经多重转换，姚虹也始终相信：想要当老板的得力左右手，一定要让老板看到你的付出，关键时刻要能挺身而出。

英特尔总裁安迪·葛洛夫面对加州大学的毕业生发表演讲的时候说：“各位同学，不管你在哪里工作，先要想成为老板的得力助手，首先别把自己当成员工，应该把公司看作自己开的一样！你每天都必须和好几百人竞争，不断提升自己的价值，虚心求教，要比你的老板更积极主动地工作，对自己所作所为的结果负起责任，并且持续不断地寻找解决问题的办法，照这样坚持下去，你们一定能拥有幸福、快乐、成功的人生！”

如今的姚虹自信强大，作为整个集团的二把手，她独自带领团队运营着集团事业板块中最基础最重要的连锁系统和教育学院平台，同时作为“桥梁”的最佳演绎者和成功案例，她已经成为了美妆行业的明星演讲家和训练大师，经常到行业论坛和集团在全国各个分院为广大从业者、年轻人带来点亮梦想的“桥梁圣经”！

是的，不论我们仰望舞台中央那个激情洋溢、畅所欲言的演说名家，还是直面坐在眼前职业干练、气场强大的职业经理人，完全无法想象这就是多年前那个怯生生、懵懵懂懂的柔弱小女孩。当年家乡的崎岖石板路和村口窄窄晃晃的小桥，一直摇曳在姚虹的梦中，那是她出发的地方，是她生命中永远不会割舍的“桥梁”起航地！

成功或者失败与习惯有关，幸福或者痛苦也与习惯有关。

未来的辉煌与失败也在我们起心动念之间，在长期的习惯中逐渐成形。

海尔集团领导人张瑞敏说得好：“什么叫作不简单，能够把简单的事情天天做好，就叫作不简单；什么叫作不容易，大家公认非常容易的事情，能够非常认真地做好它，就叫作不容易！”

对于姚虹来说，自己却从来没有忘记当初的一切，她珍惜这个用青春、梦想和奋斗建设起来的事业平台。因为她与这份事业早已血脉相溶，所以，姚虹不断地把家里的亲戚、朋友引荐到这里，帮助大家蜕变和成长，帮助越来越多的人独木成材。因为用生命来信任与感恩，所以姚虹在公司建立了美好基金、孝敬存折、同行互助奖、爱心使者等奖励措施，把爱与责任深深地融入到企业的点点滴滴。

走过艰苦岁月，拥有精彩风景，在姚虹的内心深处，永远感谢生命中最重要的贵人、最有力量的“桥梁”——Jacky Lu，正是这座桥梁的大爱与执着，帮助姚虹不断蜕变，不断成长，直至成为另一座充满正能量的优秀桥梁。

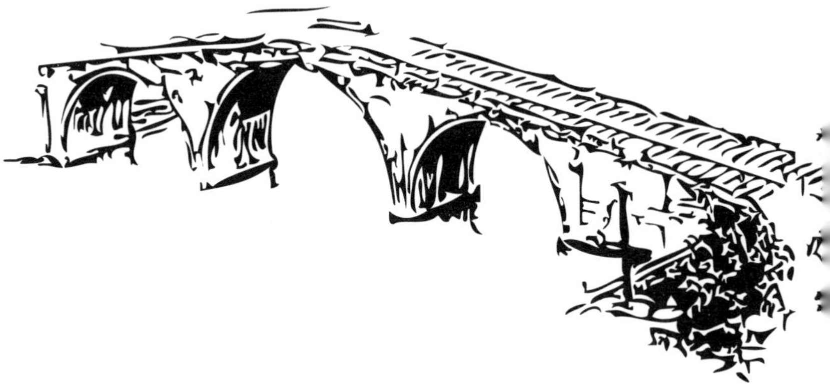

下篇

大树好成林，强者善搭桥

——Jacky Lu的搭桥语录

成就别人的梦想——就是搭桥，
让员工成为老板，
让学生成为合伙人，
让天下没有没用的人，
在企业里，只有老板是为了员工，员工都是为了自己！
如果两年后你还在这里打工，没有成为老板，我会小看你的。

第三章　众人拾柴火焰高——写给职场追梦人

积极人生观指导我们茁壮成长

每个人日常生活和工作中的行为，都来自他自己的人生观。

人生观回答了人生与世界的核心问题，诸如：生命是什么？生命的意义是什么？我们为什么来这世间？来干什么？细化成为价值观、自然观、科学观以及爱情观、荣辱观、家庭观、养生观、事业观、财富观等，这些认知一定是我们必须、正在、时刻面对的问题。每个人对这些问题都必须有答案，因为人们所有的行为动机，都来源于此。

人生一世，每个人都渴望生活圆满，事业成功，我们可以简单概括为每个人都渴望实现梦想，取得了不起的辉煌成就。在这个信息泛滥、内心浮躁、环境多变、竞争激烈、多元文化并存的现代社会，一个人尤其是年轻人如何才能快速自我成长，找到人生定位和成功路径，迅速脱颖而出呢？

从前在一个海边，出现了一条非常凶猛的恶龙，它经常发怒作恶，不断兴风作浪，伤及庄稼、房屋和百姓的生命。当地人非常恐惧，邀请了很多的巫师来降服这个恶龙，这些大师用各式各样的法术来降服它，结果全都失败了。后来，有一个得道大师路过这里，大家就向他求救。大师答应了，他准备了一个可以变幻的镜子。当这个恶魔再次出现的时候，大师就用这个镜子照它，这条恶龙生平第一次看到了自己是一个什么形象。当恶龙看到自己在镜子里面丑恶凶残的样子的时候，就再也不去为非作歹了。

这个小故事提醒我们：内心深处的恶念，就像一条失控的恶龙。恶龙发威，人做出各种错事，是因为我们内在缺乏自我审视，缺乏内在的信念追求，所以恶小妄为，恶果连连。

中国文化的根本，在于教育有“道”的人，引爆一个人内心深处向上向善的力量，不断历练成长，直至成为栋梁，能够担当生活和世界的重任，为整个民族、整个世界做出贡献。

在历史上真正承担这些重任的仁人志士们，就像无数的栋梁，茁壮坚强，彼此关联，相互支持，支撑起了历史和文明的天空。

从某种意义上讲，整个世界发展到最后，拼的不仅是经济和技术，拼的最主要的是文化，是人才！

人才的成长与成功，一定是由心出发，由内而外，一定是积极人生观的光耀通达！

要想活得精彩，必须梦得灿烂

人生外在的成败，一定来自于内心的价值观和最初的梦想！

我们左右不了变化无常的天气，却可以适时调整我们的心态。

因为人的主观感觉就像一面镜子，你告诉自己：我很快乐，便真的感觉到自己快乐。

记住，免除平凡工作中的痛苦抱怨的秘诀，就是用积极的心态让自己拥有舒畅的心情，用热情去工作！

古人说：“人无志，则如无勒之马，无舵之舟。”缺乏远大的志向，看不清未来自己的发展方向，一个人就容易总是徘徊在人生的十字路口，经常陷入迷茫、矛盾和痛苦。立志与规划人生不是随意的，必须要有开阔的胸襟和远大的抱负；必须同时代合拍、与潮流相顺。

古人还说：“为一善事，气爽一节；为一不善，神矮一寸。”立志不难，真正立下无私利他、有益天下的宏图大志不容易。要拥有幸福人生，就必须树立一个正确的人生目标，肩负清晰远大的人生使命与历史责任。

只有懂得了人生的意义，树立了远大美好的志向，才能内心坚定，保持昂扬生命斗志，随时随地情绪稳定，始终感到生活充满希望和动力。

伟大的目标使人更加积极、自信、乐观、坚定又从容，健康善良，具备良好的道德感和被需要感。而狭隘的损人利己的目标，使人难以心安理得，如何谈得上内心的平静和谐，如何有力量和智慧向前走呢？再说，失道寡助，不得人心的目标和追求，如何取得成功？

记住：每个人身上都是带有能量的，狭隘、怨恨、自私、自卑、懒惰、悲观等消极情绪会让一个人黯淡无力，一点一点被负向能量包裹，让人生变得委靡不振；而只有善良、感恩、积极奉献、乐观坚定、厚德包容的人才带有正能量，这样的人再被心中熊熊燃烧的梦想点燃，就一定能将正能量传递给身边的每一个人，就会吸引更多正能量的人，就一定会开创美好辉煌的未来！

一个篱笆三个桩

好人成事需伯乐，大树成林靠“三借”。

哪三借呢？一是借势。时势造英雄，读懂趋势把握趋势才能赢在未来，人生最大的智慧是选择！二是借智。聪明人不断摸索总结经验、智慧的人是把别人撞得头破血流的经验当作经验！经验节约人生成本，智慧缩短成功时间！三是借力。没有完美的个人只有完美的团队，小成功靠个人，大成功靠团队！善用借字，成就一生！

一个成功的企业需要老板，需要 CEO（首席执行官），需要各级主管领导，这些人肯定都是优秀的栋梁之才。不过，人才聚在一起，是相互支持成就，还是彼此拆台误事，那可不一定。

一棵一棵的大树能否汇聚成林，如何成林，是一个大问题！

“事业搭桥，大树成林”是一种内在的推动力，是人生赛场中最神奇和最有趣的东西，它存在于每个人的身上，就像战士搏杀、自我保护的本能一样。在这种求生存求成功本能的驱使下，栋梁之才们豪情满怀地走进晋职赛场，只有每个人都懂得人才之间更需要团结协作，相助相生，互补共赢，才能让生命中那棵参天大树的种子在肥沃的事业舞台精彩绽放，为团队添砖加瓦，为梦想助力腾飞！

桥梁奠基——写给企业 CEO

作为企业的管理者，应最大限度地为每一位员工提供自由发展的空间，成就每个人的最大桥梁作用，让每个人都能心情愉快地工作，在快乐的工作环境中发展他们最大的潜能，而不是去挤压每一位员工的最后一点能量。每个人都会面临许多第一次，第一次当 CEO 却不同寻常，因为你面对的是一批人，他们千姿百态，有的比你年轻，有的比你资深年长；有的庸庸碌碌，有的才识过人，有的唯命是从，有的风吹墙头，有的却桀骜不驯。但无论如何，你得想办法把他们结合成为一个和谐的整体，满足大家的梦想，同时在事业中创造业绩。

第一次当 CEO 也许是你进入成功之路，但也许是你踏进失败之门的第一步。

作为一个 CEO，你的业务能力和努力程度是无可置疑的，但面对管理工作缺少方法和技巧，整天陷于上司任务的压力，下属的纪律问题，同事的推诿，你能坚持下去吗？你不想系统地学一点最新的管理知识，管理方法和管理实用技巧吗？你不想在这岗位上得到进一步的发展吗？

桥梁活力——写给企业骨干主管

俗话说："水往低处流，人往高处走。"多数人进入职场，都是为了快速成长，勇挑重担，独当一面。所以，对每一个在内心深处把自己当作栋梁的人来说，看清局势，把握机遇，善于借势搭桥是非常重要的：我要努力使自己不停歇，因为我相信我的职位能在更高处。要敢于梦想，要立下决心，得到那个让人羡慕的职位，并且发誓一定要为之竭尽全力，扎扎实实、一步一个脚印地往上攀登。

事实证明，所有来自社会底层的成功领导者都有着相似的经历，他们在自己前进的道路上都受到内心力量的有力牵引，这种力量几乎无法抗拒。美国著名人际关系大师戴尔·卡耐基在提到这个问题时也说："你当然可以成功。我觉得你完全可以有成功的潜力，但不知道你是否一定能成功。这完全取决于你自己。如果你有去争取成功的进取心，那么，没有什么可以阻挡你；如果你没有这样的力量和愿望，那么，再好的禀赋和再有利的外界因素，都不足以把你推向成功。"

共同的梦想才能激发最大的力量

在美妆行业里，SHOWMIN 集团还只是个生力军，如果说作为生力军的 SHOWMIN 集团有如一轮朝阳冉冉升起，那么这轮朝阳正是由一群生机勃勃的年轻人组成。这是一支充满活力、热情、勤奋、专注、专业的创业队伍，年轻的领军人物 Jacky Lu 带领一批年轻的员工，凭借一股所向披靡的精神和敏锐的市场洞察力创造了美容行业一个又一个奇迹。有人说，单凭SHOWMIN集团这股“冲劲”，就足以令同行“抖三抖”。

不过对于SHOWMIN集团人而言，他们要做的绝不只是带给别人一点震撼，这些年轻人的目标远不止于此，他们要做的是帮助所有人实现梦想，让有梦想的年轻人在这个平台上都可以快速成长，凭贡献赢得成功！

而作为集团的领袖，Jacky Lu明白：商场如战场，战场不以时间长短论成败，资历更不是胜负的筹码，战场要的是以成败论英雄。年轻是优势，但年轻不是幼稚的借口，在市场面前，SHOWMIN集团人奉献给广大客户的必须是一颗成熟的红苹果。“给永远比拿快乐，帮助别人成功才是自己的成功”！

年轻的SHOWMIN集团要做的是永远自我强大，永远乐于付出。帮所有人实现梦想，这是一个多么了不起的梦想！为此，SHOWMIN集团制定了品牌发展的战略规划和系统科学的商业模式，尤其是常年践行自利利他的桥梁文化，苦练内功，全员搭桥，提升自己，成就他人，充分展现了大树成好林的智慧与实力。

如果有人问及SHOWMIN集团时，每一位“家族成员”都会拍着胸脯自信地告诉你：“看我，我就代表SHOWMIN集团，SHOWMIN集团就是我！”的确，对于每一位SHOWMIN集团人来说，昨天我以SHOWMIN集团为骄傲，今天SHOWMIN集团以我为自豪！

当然，世界上没有任何从天而降的成功，所有的辉煌都是面对无数压力挑战之后的成长担当，正所谓不经历风雨，怎么见彩虹——看，问题来了！是不是这样的问题，你我都很熟悉呢？

早晨，SHOWMIN集团人力资源主管朱蒂先生与往常一样，最先做的事就是打开电脑查阅电子信箱里的邮件，以便及时了解客户的反馈。新邮件中，有两封的内容与上期培训主题“企业发展与人力资源”有关，来自于朱蒂的两位老客户，他们的企业多年来一直接受SHOWMIN集团的服务。

苏阳（珠光美妆总监）：公司内的一些年轻员工，重自我轻奉献，爱迟到，经常请假，老是借口一堆，不告而别。工作方面有创意，没毅力，不愿受任何约束，缺少责任心，令主管们非常头痛。

马德（兴德集团董事）：有些员工的生活状态是社会上普遍存在的，他们的精神层面被生活负担和竞争所掩埋，感受力日趋麻木，没有追求和使命感，随之而来的得过且过态度导致工作中频繁出现各种小错误。对于这些庸碌的人，工作只不过是生存的苦役，意味着或多或少的金钱。他们对错误毫不在乎，总是能找到各种借口敷衍塞责。

别怕，SHOWMIN 集团真实经历过比这更多的问题，并且凭借强大生命力的桥梁文化巧妙化解。

成功的人不是没有问题，而是能够不断自省发现问题，解决问题，提高能力！

成功的企业也不是没有问题，而是始终能够用企业文化主导的核心价值观统一员工梦想，完善行动，并且随时随地团结一心，开拓创新，成就自己和他人的伟大目标！

来，让我们一起走进 SHOWMIN 集团创业奋斗的搭桥故事，走进一段激情燃烧的追梦岁月……

第四章　搭桥第一式——志同道合成大事

SHOWMIN 团队素描

SHOWMIN 成立第一家公司时候，一共 8 个人，同时也代表着 8 种不同类型的员工。这些人个性鲜明，优势和劣势都非常明显，每个人都有梦想。如何把 8 个梦想变成一个，如何团结协作，激情裂变，绝对是大学问。

Jacky Lu：给所有人以希望的梦想者！执着、积极、永远精力旺盛是很多人对 Jacky Lu 的第一印象，他是近乎完美的领军式人物，他善于抓主要矛盾，不喜欢在细节问题上做过多的纠缠。但对员工而言，他的笑容、双手及认真看待事业的态度，仿佛是个永不休息的太阳，温暖普照着他的事业、同人及亲友！

姚虹：是个办事果断、善于管理、激情满怀、注重结果、勇于负责、态度强势、思想开阔、富有远见的卓越型员工，她一直追逐梦想，富有冒险精神，追随流行时尚，努力赚钱，大方花钱，做事积极主动，意志坚强，不轻易服输，很难受别人左右。她有着不可思议的能力，忠诚、坚忍、友善、扎实、乐观，能够让别人和她一起实现梦想，她也有着非常强的说服能力，拥有很强的决策力和执行力，是企业一把手在发展中的最佳拍档。但姚虹有些缺乏耐性，处事稍显急躁，偶尔会被同事评价为管理武断。不过，天生乐观的她并不会因为挫折而闷闷不乐，而总是想办法当场解决。

黛蓝：是个有着强烈的道德使命感，而且非常能干的高效型员工，她工作勤奋并且业绩出色，主动追求自我价值，不仅对自己的职位胜任有余，而且喜欢施惠于人，经常寻找施舍的机会，只为了给他人快乐，甚至把一生奉献在为他人服务上。她还是技术核心，交际范围也非常广泛，还会在上司提出一分要求的时候，做好两分事情。她自信而且积极，乐于把工作做到最好。她诚恳实在，宁可认输，也不愿意偷鸡摸狗，她非常关心事物的安全性，任何事情都追求正确无误。但黛蓝有时会比较容易多疑，且喜欢将事情记录下来。她虽然是一个很好的问题解决者，但同时又是一个并不果断的决策者。

紫轩：是个经常多愁善感，焦虑不安，性格有点内向的人，天生缺乏创意，属于算盘珠型员工，只会按部就班、故步自封、消极和被动地做事，喜欢模仿他人，做人处世的方法和语言都按照别人的样子，既没有自己的主见，也没有自己的风格。紫轩因为墨守成规，对新事物、新观点接受得较慢，不知以变应变，缺乏远见，也没有多少潜力可挖，他的发展水平存在一个局限，很可能一生中难以超越这个局限。因此，他的工作，很多时候需要别人指导才能完成。

绿恩：属于工作业绩都比较低效率型员工，喜欢追求安全保守，稳定，不喜欢冒险，一辈子平平安安的生活，永远处在人生金字塔的底端不得不为生存、责任和义务付出劳力的层次。他没有超越现实的勇气，还认为是他一辈子最好的生活方式。他总是无法按时完成任务，对于工作常常一拖再拖，玩世不恭。有时会被人认为过于温和，心肠太软，老好人。还惯于找借口，不要指望他将工作目标完美地实现。

庞黄：心态积极，很有活力，沟通能力强，但是有些以自我为中心，喜欢我行我素，对人冷若冰霜。尽管你客客气气地与他寒暄、打招呼，他也总是爱理不理，不会做出你所期待的反应。

黑仔：是个非常善变的不稳定型员工，自视甚高，自以为是，喜欢隐藏自己，好吃懒做，工作不努力，而且对工作意志不坚定，容易做出损公肥私的事情。经常斤斤计较于个人的一点利益，受不得委屈，对团队的作用介于正负效果之间，属于典型的“墙头草”。在没有利益冲突时，很难发觉他自私的一面，一旦涉及个人利益问题时，就会原形毕露，是个需加强管理和监督的员工。

亚灰：属于负面太多的灰色员工，经常夹带着叛逆的思想在工作，是企业的破坏者，在工作中经常给予不配合或“捣乱”，经常会散布一些消极的言论，总喜欢在背后说公司与领导的坏话，甚至还说领导在某些方面不如自己的“贬损”言论等，从而成为一名垃圾员工。

领导力就是经营认同力

3个月前，姚虹凭借对公司100%勇于负责的认同度以及高效的执行力和6年的管理经验，在公司长达6轮的PK（挑战）竞职中，最终获得集团下属一个分公司CEO（首席执行官）的职位。

经过一段时间的工作实践与思考，姚虹对什么叫团队有了自己更深的感悟：“原来有默契就叫团队，没默契就叫团伙，而默契来源于认可度！如何才有默契，只要你认可！其实，领导者就是经营认可力，经营认同力！所以，达成共识是企业最大的成本之一。”

姚虹的话刚讲完，会议室里就响起一片掌声。

这时，SHOWMIN集团的董事长Jacky Lu起身走到会议室前台，环顾公司团队的这些部门领导，微笑着用目光与每个人接触，并不急于打断掌声。

Jacky Lu是SHOWMIN集团的灵魂人物，公司之所以发展到现在，

Jacky Lu 起到了“火车头”的作用。

据说，当年 Jacky Lu 仅仅怀揣 200 元，开始了激情创业的奋斗历程。总之大家都非常敬佩 Jacky Lu。

十几年的成功创业生涯，使 Jacky Lu 的信念越来越坚定，说起话来更是底气十足：“各位，姚总讲得非常好，大家可以看看那些现在比较知名的企业，IBM、海尔、华为、联通在发展的历程中并非一帆风顺，也曾一度陷入困境，但是在这些最艰难的时候，有的人为了寻找更好的机会而选择了离开，有的人却为了责任而选择留下来，结果正是这些选择留下来的人，一块齐心协力共同奋斗，最终让企业起死回生，走上发展的快车道，从而自己也获得晋升和重要的机会。”

“坦白说，我们很多老板开始打天下，并不是完全具备一个老板的能力。但是老板为什么能获得成功？是因为老板绝对具备这个向往与认同，他想做成这个事业，然后绞尽脑汁，24 小时魂牵梦绕去研究这个事，最后真的就把这个事做成了！”

领导者要懂得选择和培养把全身心都放在公司的人

Jacky Lu 接着发言：

所以，今天我们边开会，边学习，边交流，要学会思考。

我讲什么不是最关键，最关键是你要学会一种思考方法。

什么思考方法呢？

咱们再倒过来讲，任何公司能持续发展，是靠有本事但心思不在公司的人，还是靠完全认同公司，把全身心都投入到公司发展的人呢？

当然靠完全认同公司，与公司荣辱与共的人！

所以，一个把全身心都放在公司的人是一定能获得晋升机会的！

中国有句话，叫作“世上无难事，只怕有心人”。

记得在亚洲杰出校企领导人高峰论坛期间，有位老板问我："陆老师，我要开分店你看行不行?"

各位，以后别人问你，他未来事业怎么发展，包括你自己事业怎么发展？你不用再问别人，也不用再找别人推算，怎么看？你就看一件事：在这家公司或者你们分管的分公司有多少人是把全身心放在公司里的。

什么叫全身心？

举个例子，前几天国庆节，姚虹姚总放假回到家做饭，她边炒菜边想明天上班之后促销怎么办？公司这个月的目标该如何设定？当炒到一半突然间有个灵感，菜也顾不上炒了，火也没关，第一时间去书房做方案，后来菜糊了才被打断思路。只有这样不分时间、地点地把心思放在公司，全力以赴为公司打拼的人才叫全身心放在公司！

所以，在座的各位领导，你自己拍着胸脯想一想，在咱们公司你所带领的团队有多少这样的人？

有人现场就摇头了，有超过 5 个以上请举手，一定是全身心都在公司，像你们这样操心的就是把全身心都放这儿，下班走在路上想公司的事，做梦都梦公司的事，有超过 5 个以上的请举手。

各位，我们看看答案：公司有 300 个人，全身心放在公司的连 20 个都没有。

所以，你要给我开分公司，就先给我写一句话：你有本事让多少人操心，你的企业就会变多大；你有本事让多少人操心，你的事业就会变多大。如果你有本事让 2000 人同时操心这个事，那咱公司就会变成 2000 人的规模，而且会持续发展，越来越稳定。

我知道，有人或许想说，公司打卡这个制度比较流畅，然后没有人犯规，然后内部好像比较和谐。

其实各位，这些都是表面现象。什么叫真现象？真现象就是看谁有本事，让几百人一起操心这事。

如果你们能够做到这一点，我保证你们管理的各个公司、整个企业的气势马上就会变，就会调整，所以领导者就是要学会选择培养把全身心都放在公司的人。

学会展示销售自己的团队和领袖

Jacky Lu 继续说：

我发现很多分公司的人力资源经理天天在浪费时间，再往深讲，就是在浪费公司的财物，什么意思呢？

你们有没有发现，大多数人来公司面试的时候，我们一个经理面试 8 个人，最后选 2 个主管，大多数人是展示自己，还是让 6 个人自我展示，是我们经理问人家，还是人家问我们经理？

来，姚总经理，我们来示范一下。比如，我来你公司应聘，正好是你亲自来面试，是我问你还是你来问我？大多数都是你问我，对不对？我们很多领导选人都问人家，问什么学历，什么经验，在哪里工作过等，有没有？有什么爱好，有什么经验，什么团队，大多数人都问这种鬼话，大多数人十年如一日，重复着错误的动作。为什么今天觉得自己公司业绩指标达不成，发展慢，或者发展有问题，都是我们在面试环节上就错了，面试程序上就错了！

记得，在全国总裁校长年会上，为了解释这句话，我请了两位夫妻老板到了台上来。我当时问他老婆说："是你老公爱你，会对你好，还是你爱你老公，他会对你好？就是他爱你，是他很爱你，他会对你好，还是你爱他，他会对你好？是他很爱你然后追求你，他会对你好，还是你傻傻地爱他，他会对你好？"

这位妻子回答："应该是前者吧！"

很显然，只有他爱你，他才会对你好。

各位，这个原理谁都懂得，就跟选人、招聘人一样的道理。

假如你是老板，你很欣赏一个人，把他请到公司，挖到公司，求到公司来，但是他对你这个老板的高度不太认可，对公司发展也不看好，这个人到公司怎么能坚定忠诚，怎么能全力以赴开展工作呢？

所以，在面试这个环节，大多数人第一步就错了。

面试的时候应该拼命展示谁？

应该拼命展示自己的企业、团队和领袖！

如果今天我亲自来面试，一共是 8 个人来应聘，我一定首先拼命地展示我的集团、我的团队，展示我本人有什么事业规划，我本人有什么追求梦想，我们的产品和市场怎么样。

展示完这些之后，我就会开始问这 8 个人，对我们的产品，对我们的企业（行业），对我个人规划和企业未来发展有兴趣的请举手。

假设有 6 个人举手，剩下 2 个人，可以让那 2 个人走了。

还有 6 个人，那这 6 个人我再深入沟通，有 4 个人比较认可，最后在 4 个人里边再选 2 个人，而这 2 个人是对团队、领袖和企业发展高度认可的。我虽然不太认可他，但是他认可我，他到我们企业来，他会把全身心放这儿！然后会扎扎实实全力以赴来做事情！

以前万科集团在选人招聘时用的就是这个方法。在十七八年前，万科也是派人力资源总监到各个名牌大学选人，结果选了 300 个，都是学生会主席、团书记、党员这样的最优秀的大学生。

最后怎么样？

留在公司的只有 10 个人，290 个离开了！

原来，那 300 个大学生到公司以后，有的说这公司根本不是我要待的地方，有要去政府部门的，有要去外资企业的，有要去其他各行各业的；还有对领导不认可的，有对企业文化不认可的，最后这 290 个人都走了。

花费 3 个月时间，最后只留下 10 个人。

经过两三次之后，整个公司董事会高层弄明白了：我们选人不是去大学选一群我们喜欢和欣赏的人，而是选一批欣赏和喜欢我们企业与团队的人。

以后你们再面试人的时候，千万不要只是自己说，觉得自己挺潇洒，摆个谱，还问人家什么学历，什么经验，在哪儿工作过？别这样问了，要开始反过来，要拼命展示我们的魅力与优势。

我曾经用这个思维帮助过一个人，从一个普通的校长，后来发展成为当地教育局的局长。

为什么？因为以前他组建团队时，只重用那些他很欣赏的人。后来他接受了我的建议，开始重点选用那些欣赏并认可他的人，所以，这位校长带的团队就快速开始裂变，迅速取得教学与管理的重大成绩，他也就顺理成章升任到更高的领导位置了。

团队默契和力量来源于认可度

其实一个老板之所以能打天下，开始就是因为很多人愿意跟他干，很多人全心全意追随他！就是因为这些人很认可老板；老板发火都不走，批评都不走，骂都不走，就是因为他们对老板和企业事业的狂热的认可，所以大家齐心协力干成了大事！

所以，认可产生力量！

在过去的10年，我从广州到深圳，从上海到北京，从温州到长沙，训练过数万名中小企业老板。我发现，很多公司刚开始之所以发展得相当不错，主要是老板有思想有激情，后来发展慢，就是因为他们公司那个高层或者是经理层或者是老板本人去选人的时候，总去人才市场选人才，实际上人才市场是不可能有人才的。

我亲眼看到一个钢材企业老板花45万元年薪挖一个经理，他怎么挖呢？公司招人，有人把报表放上来就说今天我招人，这个人来公司面试，他把资料放在我们面前。

如果我问他，你了解我们公司吗？如果他说不了解，我是不会留下他的。为什么？所有领导都要记住，咱们选人才，选高层要选对我们有了解和有期待的人。

如果他来咱们公司面试的时候，你问他了不了解咱们公司，如果他说不了解，这个人这辈子都不能用！为什么？对公司没有基本的了解和认可，他就想来拿高薪上班，这种人对自己负不负责任？他能为咱们公司负责吗？

就像今天两个人一见面，假如一见面她说要嫁给你，你问她你了解我吗？她说不了解，你敢娶吗？

原理不是一样吗？

阿里巴巴马云经常讲这句话，说在全中国找3000个有梦想的人，就是普通的人就可以，只要有伟大的强烈的梦想，就能跟我成就伟大的事业！

我深深相信这点，就算我们大家都很普通，但只要肯全身心都放在企业，一门心思放在我们共同的事业上，就一定能产生凝聚力，产生力量！就一定能干出一番了不起的成就！

什么叫团队？有默契就叫团队，没默契就叫团伙，默契来源于认可！

领导者就是经营认可力，经营认同力！只要没认同，其他都是苍白的。

Jacky Lu 的发言结束了，但令他没有想到的是，正是他的这一席话，才使后来 SHOWMIN 集团的员工循序渐进地达到了对公司的“认同”，因此他们能够像西方人信仰宗教那般去信仰自己公司的文化，同时还像一位真正的“传道士”，去向周围的同事和朋友讲述 SHOWMIN 的企业文化。因此，整个企业一直具有旺盛的生命力，员工们因为共同的梦想走到一起，就像一棵棵树木深深地把根扎在这片沃土，同时共同支撑，彼此护卫，也能够把集体的利益视为高于一切，共同创造和拥抱同一片广阔的蓝天！

其中姚虹就是一位真正的忠于公司、忠于领导并完全对下属负责的“传道士”，她在听完 Jacky Lu 的讲话后，立即带领她所管理的分公司所有员工学习 Jacky Lu 的讲话精神。

最后，姚虹总结说：“Jacky Lu 真正告诉我们的就是认可产生力量！认同感很重要，对我们企业而言，认同感就是一种强大的凝聚力，让大家可以众志成城，朝一个地方使劲，最终达成大家共同的目标。我今天直截了当地对你们讲，大家有缘到 SHOWMIN 集团来，如果不认同公司的理念，还不如趁早离开。因为，每一个高业绩优秀的员工首先要认同公司的企业文化和价值观，才能将公司的服务和产品卖出去，才能做到创造自己的价值达到一个职业高度。而我相信：公司给你的回报是你们自身能力的提高、成就感和超乎你期待的高收入！任何一个优秀的员工，只要认可公司产品，认可公司团队，认可公司领袖文化，就能很快融入企业，做到全身心投入，就一定可以取得伟大的成就！”

他山之石——“团队不认同”的“三座大山”

1. 怨天尤人

“是你让我如何如何痛苦！”

“是你害得我丢了这个客户！我恨你！”

“我的命真苦，总也赶不上好机会！”等，这些抱怨的语句你熟悉吗？

怪罪别人，抱怨生活，指责命运，实质就是向第一座大山投降，就是懦弱的人在逃避成长，就是在拒绝承担自己的现实责任！面对或许不如意的职场生活，你是否习惯了总是埋怨别人、责怪命运对自己如何如何不公？

其实，外在世界并不能直接给你带来什么伤害，关键在于自己身心的认同。

除了你自己，别人怎么可能伤害你？

一切祸福悲苦都在自己的心里，都是我们自己的选择。

美国著名心理学家露易斯·海说："怨恨、批评、内疚、恐惧是我们生活中四种最坏的习惯。"古人讲怨天尤人是苦海，一个人越是埋怨诉苦，心里就越难过，就越容易导致这个人不是生病就是惹祸。团队之间最怕互相指责，相互抱怨，因为这样一来就没有了真诚友爱的流动互通，没有了负责任的自我反省和自我成长，这个团队做事的效率和成功的概率就会降低很多。

据说一个人如果改变思考模式和打开心胸，能够阳光开朗，放弃怨恨，会让自己的身心状态大大改善。只有勇于承担自己的责任，直面职业生活本身的艰辛和无常变化，只有逐步学会做自己的主人，我们才能掌握命运。因为生活在变化，发展才是硬道理。如果向后看，过多地回忆，只有抱怨、伤感、悔恨，内疚，会让我们变得消极和逃避现实，同时也变得软弱无力，消耗生命能量。

只有主动迎接阳光，勇于拥抱风雨，大树才能真正拔地而起，迎风欢舞。

人只有学会随时反省，找到自己在品德性格方面的不足，并能持续修炼美好，践行美好，才不会活在愤懑怨恨的世界，才能通过自己的努力去创造成功人生。必须承认，宽容是为人处世必需的心理修炼，我们想要职场和谐，必须学会宽容，因为我们都不是完人，世界也不是为我们一个人来呈现的。

同时，作为团队中的一员，我们在待人接物方面最提倡的外在表现就是面带笑容，多多赞美，绝不在内心和语言上怨天尤人。美好的正面的鼓励是源源不绝的动力和创造力，一个渴望成功的人必然懂得让赞美别人成为习惯。

在这里，可以参照 8 种心态。

①阳光的心态。我的梦想有力量，照到哪里哪里亮。别人对我好，我能够回报以善意关怀与支持。别人对我不好，我能够回报以包容理解和关爱。

②学习的心态。打开心门，放下自以为是，学习不是跟某个人学习，而是向每个人学习。重复学习是学习之母，把复杂的事情简单做，把简单的事情重复做。

③负责的心态。掌握个人命运，承担家庭责任。我的情绪我做主，社会和谐从我做起。

④助人的心态。能够帮助别人是最大的幸福。我们帮助的人越多，收获的爱与祝福就越多。

⑤包容的心态。宽容他人的短处，学习他人的长处。包容不是无原则地骄纵，用赞美去批评、去激励是一种艺术。

⑥乐观的心态。没有真正绝望的事，只有绝望的人。天助自强者，心里笑着脸上才能灿烂，脸上灿烂才能迎来好运。

⑦忠实的心态。忠实就是专一，专一就是不达目的不罢休的执着。忠实于自己的心，忠实于自己的选择，这是赢得尊重的理由。

⑧持久的心态。没有持久的辉煌，只有持久的坚强。成功与失败的差别就在于是否能够多坚持一会儿。

2. 自私自利

自私，就是以自我为中心。其典型症状是：总是把“我”“我家”“我愿意”挂在嘴边；总是把注意力放在自己的穿着、发型和情绪、利益上；任何大大小小的选择，都要自己说了算，只要不合自己的意，立马翻脸！

一棵树可以独立，但是不能只为自己活着，因为脚下的泥土、身边的流水、阳光雨露都是生命成长的礼物。

自私的人，眼里只有自己，只在意自己的美丑得失、好恶悲喜。他看不到别人的需求，体会不到别人的感受，所以，自私的人很难有朋友，更难获得幸福与成功。

那些因为意见不合，因为生意失败，因为失恋分手就恼羞成怒，大打出手，甚至残忍报复、伤人的人，为了一己私欲，已经癫狂丑陋到了何等令人发指的程度。动物之间尚且舐犊情深、兔死狐悲，我们这些万物灵长的人呢，做出这种事情，真是太不应该了。

一个人为什么自私？因为他缺乏信仰，内心空洞，没有明确的生活目标！因为他不了解世界和生命的真相。一旦活在自私自利的欲望控制之下，这个人就会感到生命无穷无尽的烦恼。

人的聪明机巧之心，很容易让人自以为是，过度的欲望必定把人类推向一条背道离德的不归路。以自我为中心的思维方式，以及以自私自利为核心的价值观，正在一点一点地把伦理道德和人的真情实感慢慢蚕食掉。如果人们再不反思，不能学会谦卑利他，不能学会遵循自然规律，无论再好的企业平台也做不成大事业。

真正的人才强调真正的富贵和利益，愿意用自己的金钱与能力，帮助他人生活变得更好、更进步，让更多的人得到关爱。人总有一天要离开这个世界，当我们离开这个世界的时候，如果能问心无愧地回想起自己这一生为社会创造了多少价值，帮助多少人解决了困难，那么，他才算是拥有了真真正正的幸福和成功。

真正的强者不一定是多有力，或者多有钱，而是他对别人有多少帮助，对这个世界有多大贡献。责任可以让我们把事做完整，爱可以让我们把事情做好。

所以，渴望成功的人请记得打破自私自利的魔咒，要心怀天下，善待他人，同时设身处地为他人着想，力所能及多做有益于身边人的事情，时间久了，我们的心胸就会开阔明朗，并且逐渐拥有更加美好和谐的人生。

下面这些不被欢迎的自私小举动，你中招了吗？

①不注意自己说话的语气，经常以不高兴甚至是对立的态度冲撞对方；

②应该保持沉默的时候偏偏口无遮拦；

③随意打断别人的讲话；

④不注意讲话时的人称代词；

⑤常以傲慢的态度说话，给人一种盛气凌人的感觉；

⑥说话时经常插入一些自己感兴趣，但却会使别人感到不好意思的话题；

⑦总是谈自己不幸或痛苦的事情，而且祥林嫂一般没完没了；

⑧在公开场合衣冠不整，不注意修饰或过度修饰；

⑨自我吹嘘，嘲笑他人的生活习惯；

⑩在不当的时间打电话，尤其是在领导讲话时；

⑪电话中谈一些别人不想听的无聊话题；

⑫和不熟悉的人写内容过分亲密的信；

⑬对自己根本了不了解的事情，任意发表意见；

⑭公然质问他人意见；

⑮以傲慢的态度拒绝他人的请求；

⑯在背后讲别人的坏话；

⑰指责、攻击和自己意见不统一的人；

⑱肆意贬低别人，标榜自己；

⑲当众指责下属和同事的错误；

⑳在请求别人帮助而被拒绝后，心生抱怨。

3. 物欲至上

每个人都在追求幸福，追求成功。我们创业奋斗，当然需要解决自己的物质生存问题，但是，在追求成功和幸福的过程中，有些人信奉唯利是图、物质至上的扭曲价值观，催生了一系列不和谐的行为：有的制造、购销假冒伪劣商品，有的贪污索贿拿回扣，有的恶意欺诈赖账作奸犯科……这样的人利欲熏心，把遵纪守法、安分守己、勤劳致富看作“不识时务，缺少智慧，没有本事”。在物欲至上思潮的迷惑下，有的人“做人无原则，做事无底线”，在一个团队中不问贡献和价值，只想索取和享受。

请问：你付出了多少努力，为这个世界创造了什么价值，或者往小里说为家庭、企业做出了什么贡献？想一门心思花钱享受，挥霍无度？天道酬勤，付出才有回报，这才是合乎事物本身规律的。

在中华民族的历史中，推崇的是“富贵不能淫，贫贱不能移，威武不能屈”的美德操守，强调的是“舍生取义”，义利兼顾。古人重视美德名节，蔑视荣华富贵，不是因为他们本能地厌恶舒适生活，而是不肯用理想和人格的代价、不肯用伤害他人合理利益的代价，去换取某种自私舒适的生活。孔子主张安贫乐道，但并非排斥财富，他肯定追求财富是人的天性，“富与贵，人之所欲也”；同时，他更加强调获取财富的正义性。“不义而富且贵，于我如浮云”。

“亚洲首富”李嘉诚就十分赞同孔子的财富观，他认为，财富不能仅仅用金钱来衡量，一个人有了衣食住行的基本物质条件之后，应该对他人、对社会多一分责任与回报。能够对需要帮助的人贡献你的所能，这就是你内心的财富，而只有内心富有的人，才能真正拥有财富。

生命最大的满足是什么——是心灵的富足和奉献的价值！

阿里巴巴总裁马云认为，如果一个人脑子里想的只有钱，就永远不会成功。只有当一个人想着去帮助别人，懂得去为社会创造财富的时候，才能真正成功。

被媒体称为“台湾首富”的郭台铭说：“我的父亲是一名普通的公务人员，他给我很好的身教，教我们安贫乐道，不是我们的就不去拿。我们家从小到大就没有自己的房子，没有沙发，最好的家具是藤椅，但我们不觉得自己贫穷。”后来，郭台铭的夫人病逝，一向低调的郭台铭，在接受媒体访问时说，“虽然现在大家说我是台湾首富，但是如今最爱的人离开了，我现在觉得自己很贫穷！长期以来，我没有时间好好陪家人，父亲过世前，我在国外，接到电话赶回来见他最后一面时，他已经没有回应了。我最快乐的事，就是妈妈亲自下碗面给我吃，我就很满足、很快乐了。”

我们没有必要向物质享受宣战，但真的需要建立合理的财富观，希望在创造物质财富的同时，我们的心灵也变得更加富足美好。每当我们做一件事情的时候，需要先问问自己：做这件事情对别人有益处吗？我们最终能得到心灵的平衡与富足吗？如果回答是否定的，我们就没有必要做这件事情。

在崭新的时代生活中，每一个渴望成为栋梁之才的人，都应该不断自省自律，勤劳致富，廉洁自律，克己奉公，赢得漂亮！

杜绝物欲至上，就要随时随地奉献爱心，从下面的提示做起。

①少欲知足，不奢侈浪费，饮食清淡，绿色出行。

②知道某地有灾难或者某人需要帮助，力所能及地伸出援手。

③善待他人，平时多微笑，多给他人温暖的问候关心。

④做文明使者，礼敬老人，照顾弱小，见义勇为。

⑤送别人有意义的书籍、光盘等文化礼物，传播美好。

扎根同一片沃土，拥抱同一片蓝天

正所谓“志同道合，才能荣辱与共”！一家企业的发展愿景、企业文化、团队梦想就是所有员工职场打拼的“志”。只有主动把公司的“志”视为自己工作的“理想”，对公司有一种强烈的认同感，员工才有归属感和行动力，整个公司才有凝聚力和竞争力。

因此，SHOWMIN 集团在考察一个员工的时候，首先就会考察员工对企业的认同感。

Jacky Lu 经常对管理干部们说：“以往企业选人所看重的人品、忠诚度、经验、能力等人才特质固然重要，但企业最需要的是能全身心都放在公司，与公司同舟共济的人。因为，只要员工对公司和公司的领导产生认同感，就可以使大家对企业的目标、准则产生一种使命感和自豪感，潜意识里能激起大家发自内心的工作热情和战无不胜的战斗力与创造力！一个人如果没有使命感，即便再有能力，也很难真正在企业中安身立命，成就辉煌。什么是使命感呢？就是我们走进企业必须担负的责任与任务。只有强烈的认同感才能点燃使命感，才能让员工自身价值在公司里充分展现，大家的需求能得到适时地满足，从而才能实现这个集体更高的目标。”

马克思曾经说过：“作为确定的人，现实的人，你就有规定，就有使命，就有任务，至于你是否意识到这一点，那是无所谓的。这个任务是由于你的需要及其与现存世界的联系而产生的。”

不论时代如何改变，做人做事，必须要有使命感。

只有使命感才能净化我们的心灵，驱动我们奋斗的脚步！

要过真正有意义的幸福的生活，一个人的目标必须是自发的。

作为一名肩负职业使命、心怀梦想的工作者，我们是否时刻铭记自己是一座可以造福世界的“桥梁”，肩负着对他人，对世界一份神圣庄严的责任感？

不论世界如何改变，我们是否能始终如一用爱去奉献，用心去付出，把健康、美丽、自信带给每一位顾客？

我们能否不断提高专业服务能力，用心打造承载着美丽梦想的产品或者服务，帮助顾客生活得更加便利舒适，更帮助人们实现内心的宁静和美，实现每个家庭的美满幸福？

“美梦成真”的第一个前提是这个梦是自己的，而且是有助于自己与他人更美好的梦，这其实是二合一的，就是帮助他人和世界更好与自我实现是同一件事。当我们能够具备这种生命深处的激情与呐喊时，我们就找到了真正的使命感。

使命感能有效支持一个人始终自立自强，尊重客观规律，肩负自己不可替代的社会责任。使命感是人的内在的永恒的核心动力。一个人的使命感越是强烈，那么他的前进动力也就越强烈，他的工作激情与生活热情越强烈，他对美好人生和奉献价值的责任感也就越强烈。有强烈使命感的人，才会遵循客观规律，各安其位，各守其责，用灵魂认清人生的道路，用全部的身心投入利益他人的社会工作，让所有人知道我们为什么做这项有真正价值的伟大事业。

生活中我们总会敬重一些人，真正值得敬重的一定是那些品德高尚、具有使命感的人。

每个人都有自己的位置，无论现在你是一个权高位重的领导，还是一个为人工作的打工者，都应该清晰自己的责任与使命感，才会在日常工作中用爱与感恩对待身边每一个陪你一起实现梦想的人！

正是因为企业进行搭桥第一式的训练和文化熏陶，认同感与使命感已经成为企业灵魂，所以，长期以来，SHOWMIN 集团的团队建设成为业界争相称赞的先进典型：主动应聘多、独当一面快、创造业绩高和超低的流失率成为这个系统的人才特色。也正是因为有了人才优势，才使得这家集服务、产品研发、销售、教育为一体的集团公司，依靠董事长 Jacky Lu 的能力及良好的资源关系，创业团队迅速实现了原始资金的积累，逐渐成为当地乃至全国较有名气的企业，取得了令人瞩目的社会效益和经济效益。

第五章　搭桥第二式——团队互补铸共赢

信任与协作的猴子才能吃到香蕉

美国加利福尼亚大学的学者做了这样一个实验：把6只猴子分别关在3间空房子里，每间2只，房子里分别放着一定数量的食物，但放的位置高度不一样。第一间房子里的食物就放在地上，第二间房子里的食物分别从易到难悬挂在不同高度的适当位置上，第三间房子里的食物悬挂在房顶。数日后，他们发现第一间房子里的猴子一死一伤，伤的缺了耳朵断了腿，奄奄一息；第三间房子里的猴子也死了；只有第二间房子里的猴子活得好好的。

究其原因，第一间房子里的两只猴子一进房间就看到了地上的食物，于是，为了争夺唾手可得的食物而大动干戈，结果伤的伤，死的死；第三间房子里的猴子虽做了努力，但因食物太高，难度过大，够不着，被活活饿死了。只有第二间房子里的两只猴子先是各自凭着自己的本能蹦跳取食，最后，随着悬挂食物高度的增加，难度增大，两只猴子只有协作才能取得食物，于是，一只猴子托起另一只猴子跳起取食。这样，每天都能取得够吃的食物，很好的活了下来。

学者做的虽是猴子取食的实验，但在一定程度上也说明了人才与岗位的关系。

SHOWMIN 公司刚刚成立时，来应聘的第一个员工名叫黛蓝。当时黛蓝说她的父母让她离开家出来找工作，因为她已经长大了，可以独立生活了，并表示她最大的优点就是忠诚，做什么事情都会尽心竭力。

听到黛蓝的自我介绍，Jacky Lu 非常高兴，就把她留下来了。

黛蓝来了以后，果然帮助公司干了不少活。她生性活泼，无论做什么事都兴高采烈，主动积极。

经过一些时日的相处，Jacky Lu 对黛蓝的表现感到很满意。

后来，公司里又陆续增加了几位新员工，他们分别是：紫轩、绿恩和庞黄、黑仔等。根据每个员工的特长，Jacky Lu 为他们分派不同的任务：黛蓝做事比较讲原则，她专管环境和纪律；黑仔脑筋转得快，他干的是些细致的活，同时为 Jacky Lu 出些主意；紫轩、绿恩、庞黄也都按自己所长被分派了任务。

来应聘的第六个员工就是姚虹，经过 Jacky Lu 的耐心培养，她的技术和管理水平都大有提升，于是，Jacky Lu 让她主管公司的技术培训和日常协调。

随着员工们的不断加入，企业在管理方面的问题也日益凸显。

刚加入这个集体时，新员工们工作都非常踊跃，争先恐后地表现自己。

但有些人原本自由散漫惯了，对严格的公司管理明显不适应，所以没过多久，就出现了各种问题，比如绿恩在工作时间睡大觉，环境卫生没人主动收拾等。

考虑了一段时间，Jacky Lu 和姚虹商量，针对工作中出现的各种情况，陆续制定出了一系列工作守则，包括作息制度、卫生值日制度等，其中详细地说明了每个员工都要遵守的日常行为规范。同时，Jacky Lu 要求大家更用心地带领基层员工，用心服务顾客，团结一心地做好生意。

用梦想与热情去工作

这天晚上，Jacky Lu 在《工作守则》颁布前给大家开会时讲了以下内容。

各位伙伴，我们的一生中，可以没有很大的名望，也可以没有很多的财富，但绝不可以没有工作的乐趣。因为工作是人生中不可或缺的一部分，如果从工作中只得到厌倦、散漫、懒惰、紧张与失望，那么人的一生将会多么痛苦；而令自己厌倦的工作即使带来了“名”与“利”，这种光彩又是何等的虚浮！

大家肯定都知道那个建筑工人的故事。

> 有3个建筑工人在共同砌一堵墙，这时，有人问他们在干什么？第一个头也没抬，没好气地说，你没看见吗？在垒墙。第二个人抬起头来说，我们当然是要盖一间房子。第三个人边干活边唱歌，脸上满是笑容，我在盖一间非常漂亮的房子，不久的将来，这里将变成一个美丽的花园，人们会在这里幸福地生活。10年以后，第一个人仍是一名又苦又累的建筑工人；第二个人成了建筑队的带班队长；第三个人则成了他们的总经理。

其实这个故事之所以如此广泛流传，是因为告诉了我们一个浅显而又实用的道理：面对同样的环境，不同的工作心态造就了每个人不同的未来。

在我们的生活中，工作占我们一天1/3的时间，是我们人生的重要组成部分。但每个人对工作的定义不同，有的人认为工作是为了衣食住行，是生活的代价，是不可避免的劳碌！而有的人则认为工作是理想的奋斗，是自己一生的事业！

如果在平凡岗位上的我们，以敷衍的态度对待工作，每天被动地、机械地工作，同时不停地抱怨工作的劳碌辛苦，没有任何趣味，那我们的环境会自己变好吗？收入会增加吗？会开心吗？不会，当然不会！我们只能永远做等待下班、等待工资、等待被淘汰的三等人！

大家也许都听说过日本邮政大臣野田圣子的故事，她之所以出名，不是因为她的职位，而是因为她的人生起步经历。

在许多年前的日本，一个年轻女郎来到一家著名的酒店当服务员。

这是她涉世之初的第一份工作，她将在这里正式步入社会，迈出她人生关键的第一步。

谁知在新人受训期间，上司竟然安排她洗马桶，而且工作质量要求高得惊人：必须把马桶擦得光洁如新！说实话，洗马桶真的使她难以承受。当她拿着抹布伸向马桶时，胃里立刻“造反”，恶心得想呕吐却又呕吐不出来，令她每天战战兢兢如临深渊。

为此，她一度心灰意懒，面临着人生第一步应该怎样走下去的选择：是继续干下去，还是另谋职业？

正在这关键时刻，同单位一位前辈及时地出现在她的面前。

前辈并没有用空洞的理论去说教，而是亲自洗马桶给她看了一遍。首先，前辈一遍遍地洗着马桶，直到洗得光洁如新；然后，前辈从马桶里盛了一杯水，一饮而尽！整个过程专注平静，这位前辈丝毫没有厌恶和不适的感觉。同时，这位前辈送给她鼓励而信任的目光，那目光里写满了对生命和事业的无限热爱。

野田圣子目瞪口呆，如梦初醒！

她警觉到是自己的工作态度出了问题，于是痛下决心：就算一辈子洗马桶，也要做一名洗马桶最出色的人！

从此，她脱胎换骨成为一个全新的人，她的工作质量达到了无可挑剔的高水准。

为了检验自己的自信心，为了证实自己的工作质量，也为了强化自己的敬业心，她也多次喝过厕水。

从此，她很漂亮地迈出了人生的第一步。

从此，她踏上了成功之旅，开始了她不断走向辉煌的人生之旅。

多年过去了，这个当年洗马桶的日本女郎，成了日本政府的主要官员——邮政大臣，她的名字叫野田圣子。

各位，如果我们每个人都能像野田圣子一样，无论是在卑微的岗位上，还是在重要的职位上，都能秉承一种绝对负责敬业的精神，一种绝对服从诚实的态度，并表现出完美的执行能力，那么我们每个人都一定是企业的最佳选择，而且我相信，我们也一定能在企业里创造最大的价值！

Jacky Lu 讲完上面的话，他让每个人说说自己的看法。

紫轩、绿恩和黑仔都认为 Jacky Lu 讲得太对了，表示一定要好好工作，改掉自己懒散的坏习惯！

黛蓝明确表示：我认为对工作懒散及不满的情绪甚至比没有规律的起居作息更有损健康，而对工作的满足感则对健康有利。我想问一下各位同人，我们是否真的富足到了可以让我们停下来好好享受的程度？而我们每天的工作负荷是否真的到了急需减负的时候？对于我们大多数普通人来说，我们是否真的拥有不经努力就可轻松获得成功的天赋？如果不是，我们怎么可以不努力工作呢？

激情投入的工作意味着更高品质的生活

“我十分赞同黛蓝的话”，这时，姚虹讲了下面的话。

我有一位亲戚是一家公司的老板，经营企业 20 多年后，他积累了很大一笔财富，于 50 岁宣布退休。全家移民美国盐湖城，说是要去享受盐湖城的阳光，每天从事他最喜爱的两样事：打高尔夫球与钓鱼。

一年后，出乎意料，他又回来了，并且全力以赴重新创办了一个企业。

我们都很奇怪，觉得他不是去阿拉斯加赌博破了产，就是遭人勒索被洗劫了财产，所以没办法才又回来重新开始。

结果出乎我们的意料，他告诉我们说："打高尔夫球与钓鱼连续一个月就烦了，没有工作的日子形同坐牢，后来我在美国跟许多移民一样，成了'三等人'。"

我好奇地问他："何谓'三等人'呢?"

他苦笑道："首先是等吃饭，吃完饭之后是等打牌，打完牌之后就是等死了。这样等了一年实在让人受不了，只好回来再创业了。"

亲戚的亲身经历让我感悟很深，所以我更加理解 Jacky Lu 为什么对工作那么投入，因为整天无所事事的日子确实比奋斗打拼还让人受不了。

我们每个人一定体验过激情，当我们投入巨大的狂热时，往往是不知道累也不知道饿的，整天觉得精力无限，工作时间虽长，收获的却是一种享受而不是压力。

相反，得过且过消极被动的工作状态，才会对健康造成危害。

在最新的一份调查中，有 33% 的美国人愿意长时间工作，因为他们明白，长时间的工作意味着收入倍增和更高品质的生活。

为了成功，不论在哪里，人们都需要竭尽全力!

当然，等待我们的也许并不都是成功和喜悦，但是我们最终会明白，那些奋斗拼搏的日子正是追求幸福的过程，也正是我们希望拥有的值得过的日子。

各位同人，你们当然有权选择最轻松、最惬意的工作。

但是，我想每一家企业的老板也有权选择最敬业、最卖命的员工。

如果对领导交代的事情和其他部门同事商量的工作，能推就推，习惯以各种理由来应付，最后你会发现，你已经成为公司里可有可无的人了。

我永远记得 Jacky Lu 开会时说过的一句话：任何时候只要比别人勤奋

一点点，你就能超前别人一大步！

我自己曾经也是不喜欢手边的平凡工作，在工作中觉得得不到丝毫的乐趣，也毫无创造性可言。

简直烦透了！我当时觉得好无聊啊。但后来我开始明白，这并不是老板或领导的错。

因为，老板没有逼着你来这家公司上班，领导也没有强迫你在他的手下工作。

当初，是你主动应聘到了这家公司，是你好不容易才挤进了这家公司。

你的历史，是你自己写成的。

如果，你觉得老板待你很刻薄，领导根本就没把你当人才看。那么，你就炒他们的鱿鱼好啦！

如果你不想炒他们的鱿鱼，就说明他们可能还没你说得那么可怕，身上一定有值得你学习的东西，那么，需要改变的就是你自己。这时候，正确的做法就是：调整好自己的心态，爱你眼下的工作！

有时候我们应该站在老板或领导的角度换位思考一下，公司给你提供平台，帮你提升能力挣钱，我们拿着公司的薪水，不是必须要给公司和客户一个交代吗？这是做一个人最起码的职业道德和职业素养，也是做人的良心与道德的问题！

现在我们来看一个“猪找工作”的故事吧！

曾经有一头猪，自认为自己是典型的“高富帅”，所以，虽然它家里啥也不缺，但它整天无所事事。

后来有一天，有一个荣获“白富美”第一名的美女经济人介绍与猪谈朋友。这位美女只提出一个条件：需要猪找到一份体面收入高的工作。

这还不容易？猪意气风发地到人才市场去了。

第一家企业很有实力，人事经理说："我们的工作其实很简单，就是24小时看家护院，见到陌生人闯进来要敢于冲上去拼命，待遇很好，我们管吃管住。"猪一听要24小时工作，还要拼命，心想算了，太辛苦了。

后来，狗去应聘，得到了这份工作，一直干得很好。

猪不服气，来到第二家单位，这是个大农场。主人说："我们的工作没有太高的专业要求，只需要你勤勤恳恳，能够拉车，能够犁地，只要你不怕刮风下雨不怕日头毒就行，管吃管住。"猪听了，想这也太不体面了，怎么和"白富美"交代啊！

于是，猪走了。后来这份工作被黄牛得到了，一直很珍惜，做到现在口碑都不错。

猪先后去了好几个单位，不是嫌辛苦就是嫌待遇低，要不就是社会地位不高，游荡了很久，猪依然没有找到理想的工作。在这种情况下，"白富美"离他而去了。

后来，上帝实在看不下去了，就主动问猪："这样吧，你说说你到底想得到一份什么样的工作，我来帮你实现"。

猪懒洋洋地说："我要求也不高，就是吃好的喝好的，不能有人管，不能风吹雨淋，还有想睡就睡，想玩就玩。"

上帝听了，按照猪的意思去落实了。

于是，猪就成了现在的样子。

这个故事给我们的启示有3点：其一，世界上没有不劳而获的成功，想得到就必须付出；其二，影响我们生活与工作质量的是态度问题，取决于每个人的内心；其三，每个人只有自己上进努力，能承担责任，才能前程一片大好！

机遇自然会垂青于时刻准备好的人

姚虹越说越有感染力，完全沉浸在为梦想奋斗的状态中，她又讲了下面的话。

如果未来有一天，你自己开始做老板了，而你的员工偷懒懈怠，你又作何感想？我们再从自己的角度想一想，如果你想成就一番事业，是不是应该把眼下的工作当作自己的事业，应该有非做好不可的使命感？

当然，有个别伙伴也许认为自己志向远大，要做轰轰烈烈的大事，而不适合做这些具体琐碎的小事。可是，你有没有想过，如果你连这些琐碎具体的事情都做不好，你又怎么可能去做轰轰烈烈的大事呢？

一屋不扫，何以扫天下？

当初，我佩服的一位领导者从机关辞职创业的时候，就遇到过这种情况。他知道在市场面前，空有一纸文凭和两年的机关工作经验，几乎是毫无用处，如果不能脚踏实地做出成绩，种种宏大目标将都无落脚之处。

所以，他毫无怨言，从最底层做起，埋头做了一名一线业务员。

大家都知道，做业务员很不容易，必须有不怕吃苦的精神，有必胜的信心，还要有与人沟通的能力，有不怕被拒绝的恒心。同时，我可以想象，这位领导从舒适的公务员一下子成了跑市场的业务员，心里肯定也有不小的落差，估计也曾想过打退堂鼓。

而这时，他所在公司的一位前辈的经历给了他改变一生的影响。

她一直是公司里的销售区域冠军，她每月平均的销售量是其他销售员的三倍。她的成绩完全是自己选择的结果：在参加产品培训时，她选择全身心地投入学习，勤奋记笔记；下课后，别人去聊天、看电视、唱歌，她选择温习白天所学并预习第二天的新内容，一直学习到半夜；对所学的技术和理论内容，多数人一知半解就满足了，而她选择不仅理解还要全部背下来。上岗后，多数人追求安稳熟悉的工作，她选择要加倍超额完成挑战业绩；市场形势不好时，不少人考虑换单位甚至换行业，她选择利用空余时间多学销售心理学及有关人际沟通技巧，等等。

结果10个月后，她成为了当年这家公司的区域销售冠军，并得到破格提升。

而我熟悉的这位领导当时就想：她可以成功，我为什么不能？

其实是自己而非任何人，决定了我的成败和人生！想明白这个道理，他更加勤奋自强，扎实苦干，努力做好每一件平凡的工作，终于得到市场和各级同事的认可，取得了了不起的成功。

一个人的工作态度折射着他的人生态度，而人生态度决定一个人一生的成就。

你的工作，就是你生命的投影，它的美与丑、可爱与可憎，全操纵在你自己的手上。

当你在自己的本职岗位上发挥了最大的功用，命运和机遇自然会垂青于时刻准备着的人。

就好比咱们公司的黛蓝，她的相貌也许普通，但客户为什么总是排着队在等她呢？她在我们无锡可以说是远近闻名，因为她总能把顾客的形象打造出最好的效果。

黛蓝总是喜欢说这样一句话：我帮顾客做形象定位时，每一步设计都要百分百负责任。

因为这句话，黛蓝对工作的态度近乎偏执。

记得，有一次一个企业老总来公司做形象造型。

黛蓝告诉他，设计大概要用45分钟的时间，对方没有异议。

可是，造型到35分钟的时候，这位老总突然接到一个电话，需要马上走。

这时候，黛蓝坚持说："必须把造型做完才能走，不然的话，会影响到整体的效果。”

客户当时很生气，但是黛蓝仍然不肯放她走，并且再三强调要对自己的工作负责。

顾客没有办法，只能留在公司里把形象打造完。

奇怪的是，过了一段时间后，那位顾客又来了，他对黛蓝说：“上次因为在你这里做形象造型而耽误了生意，我曾发誓再也不来这里做造型了。但后来我发现，其他公司设计出来的效果都没有你这里好，现在，我和我的朋友们只认你们这里！”

各位，口碑效应真的很大！

黛蓝的工作责任心获得了一致好评，她已经成为我们行业里的一个榜样。

如果仅从感觉上判断，你一定很难想到这样一个老实内向、性格纯朴的小人物居然是我们行业界的名师。

不错，她身材偏小，长相平凡，没有良好的口才，也没有超凡的智商，曾经被很多人认为不可能有大的出息。但是，她却取得了令人佩服的成就，为什么？

正是这种竭尽全力、追求完美的工作态度，才创造出了最大的价值与成绩！

全心全意、追求完美，正是敬业精神的基础。

一个人无论从事何种职业，都应该全心全意、尽职尽责，这不仅是工作的原则，也是生活的原则。

所以说，不论你的工资是高还是低，你都应该保持这种良好的工作作风。

能让工作变得完美的人，需要极高的品质。

高品质不是从天上掉下来的，而是我们保持高昂的信心，诚心诚意的努力，投入心血智慧以及技能后所得到的结果。高品质代表的是众多选择当中的明智抉择，因此，你做出抉择之后，就会倾注全力达到这样的标准。

这时，才能、环境、幸运、遗传以及个性都不那么重要，重要的是你打算如何付出，如何承担！

从我来到公司以后，通过自身的经历及 Jacky Lu 所做的事情来看，我认为世界上没有做不成的事，只有做不成事的人。作为 SHOWMIN 公司的一名优秀员工，凡是别人已经做到的事，我们即使面临的困难再大，也一定要做得更好；凡是别人认为做不到的事，我们即使遇到挫折，也要继续拼搏直至取得成功；凡是别人还没有想到的事，我们不仅应该想到，而且一定要敢为人先，迅速行动！

姚虹的讲话引起了许多伙伴的共鸣和掌声！

“成长赞助”要以热火炉为师

激情洋溢的爱岗敬业教育，再加上《工作守则》的发布，使整个公司面貌大为改观。

但没过多久，又有员工违反制度，个别人员散漫拖沓的毛病也时有出现。

Jacky Lu 征求姚虹的意见，因为姚虹在工作中日益崭露头角，Jacky Lu 开始对她有了更新的认识，也开始把一些重要的管理工作委托给她。

姚虹说：“我看不能只是规定，还要对违反制度者做出适当的‘成长赞助’，这样大伙儿才能认真对待这些工作守则。”

“成长赞助？什么叫成长赞助？”Jacky Lu 笑着问。

姚虹这回可有了施展空间，她作出如下解释。

“成长赞助”也是一种特定的处罚，是为了让伙伴们更用心地做好工作和为顾客提供更专业的服务。尽管我们并不希望有人经常被成长赞助，但是，在该成长赞助的时候，如果不成长赞助，那实际就是对同人错误行为的强化。然而，受成长赞助毕竟不是一件能让人高兴的事，所以有一些受成长赞助的员工，也许不是认真地总结经验教训，让自己真正从中得到成长，而是会想办法寻找各种借口，企图证明领导罚得不公，这就使惩罚起不到它所应有的惩前毖后的作用。

所以，我提出一套施加惩罚的“热火炉”原则，希望公司在对员工成长赞助时，都能以热火炉为师。我们都知道，热火炉是根据一定的原则去对人施加惩罚的。想一想，作为公司的领导，在对员工施加成长赞助的时候，是不是也应该遵循同样的原则？

热火炉原则之一：只要你敢碰它，它就烫你，而且当时就烫你。热火炉的成长赞助是很及时的，你今天碰到了它，它绝不会等明天才烫你。只有及时地给予惩罚，才能使受成长赞助的同人，把自己所受到的惩罚，与自己所做的错事，紧紧联系在一起，才能让他明白，让他记住，仅仅是因为他自己做错了事，而不是由于别的原因，他才受到惩罚的，只有这样，这位犯错的同事才能真正得到成长。

热火炉原则之二：第一次就烫得很厉害。热火炉是从来没说故念其初犯和下不为例这一类的话的，它的确是第一次就烫得你很厉害。所以，人们在碰了它一次之后，就再也不敢去碰触它了。

热火炉原则之三：它只烫你碰到它的那一部分，而不会烫你的全身。热火炉是很讲政策的，如果你用左手去摸它，它只会烫你的左手，而不会烫你的右手，更不会烫你的全身。而作为公司领导，在批评自己的伙伴时，也应该这样，哪一件事做错了，就说哪一件事，哪一点做得不对，就说哪一点，绝不要因为一个人有了一点毛病，就把他说得一无是处。

热火炉原则之四：对谁都一样，谁碰它，它就烫谁。热火炉和谁都没有私交，对谁都没有私人感情，所以，它能真正做到对事不对人。当然，人毕竟不是火炉，人不可能在感情上和所有的人全都等距离。但是，作为一名领导，要做到公正，就必须根据规章制度，而不是根据个人感情来行使自己手中的赏罚大权。

热火炉原则之五：你不碰它，它绝不会烫你，它绝不会因为它自己想起了什么而跑过来烫你。“成长赞助”这种管理手段，是不得已而用之的，没有人犯错，也没有人受罚，才是最值得庆幸的。然而，在谁也没有犯错误，因而谁也没有受到惩罚的时候，有的领导者却并不认为这是好事，也并不因此而感到高兴，似乎一定要罚几个，他们才高兴。他们的想法是：不罚几个，怎么能知道我的厉害！热火炉是绝不会这样想的。

Jacky Lu 十分赞同姚虹关于“热火炉”的这番理论，于是，让她参与制定了成长赞助（处罚）制度，其中包括对犯错者扣分、打扫卫生奖惩细则等。

这个措施一出台，对时有偷懒行为的绿恩，公司给予了果断的“成长赞助”。

此后，员工们随便违反制度的情况逐步得到明显的改善。

这件事让姚虹思考了很多，她把自己的心得总结在一个本子上，并称之为经管小秘密。这天晚上，姚虹写下了她的第一个经管小秘密。而且从此以后，这个习惯就一直持续下来。

经管小秘密

①一个集体要保持稳定，必须制定共同的行为准则来约束所有同人。

②制定的行为准则还要有相应的违规惩罚措施，否则，再好的规定也只是一纸空文。

主动做好分外的事

作为被公认的积极分子，姚虹在工作时一直自我感觉很好，因为她总能很快做完 Jacky Lu 布置的任务。

Jacky Lu 让她把顾客购买的产品记录下来，姚虹很快就做完了，然后便与别的同事闲聊。

这时，Jacky Lu 走了过来，扫视了一下周围，然后看了一眼姚虹。

接下来，Jacky Lu 一语不发地开始整理那批已经订出的产品，然后又把柜台和产品摆放整齐，清理干净。

这件事深深震动了姚虹，她瞬间发现自己还有太多的事情需要学习!

Jacky Lu 用实际行动让她明白：一个人不仅要做好本职工作，还应该主动地再多做一些，哪怕领导没要求你这么做。这一观念的改变，使姚虹更加努力地工作，她由此学到了更多的东西，工作能力突飞猛进，她明白一个优秀的工作者所表现出来的主动性，不仅仅是能坚持自己的想法或项目，并主动完成它，还应该主动承担自己工作以外的责任，永远不要把“要我做”当作工作的前提，你必须像优秀领导者那样，发扬主动率先的精神，变“要我做”为“我要做”。

“如果你能真正地钉好一枚纽扣，这应该比你缝制出一件粗制的衣服更有价值。”Jacky Lu 的这句话告诉我们，拥有职业美德是一个人职场赢得事业成功的关键，学着多为别人着想，在工作中塑造与人为善、利益天下的职业形象，持续做得更多更好，收获也一定会更多。

后来，姚虹开始主动熟悉公司的一切，主要包括公司目标、项目、使命、企业结构、销售方式、经营方针、工作作风等，主动使自己像老板一样了解所在的公司，这一观念让姚虹在今后的工作过程中采取的行动更准确，效果更出色。因为她明白“等待命令”是对自己潜能的“画地为牢”，从一开始就注定了平庸的结局。所以，在平时的工作中，姚虹从不让自己闲下来，在已经做好基本工作的基础上，她还会主动找点事做，不断完善自己，提高自己的工作能力，并开始去发现问题，为自己争取到了更多的机会，不断提高自己的经验和能力。

每当她完成一项工作时，总去翻工作日记，问自己是否所有的目标都已达到？有什么项目需要加上去？还需要向别人学习什么，以使自己的工作能力得到扩大和充实。

无论面对的工作多么枯燥乏味，“我要做”的主动精神最终使姚虹取得了非凡的成绩。

身在职场，多做一点做好一点，这是一种好习惯。好习惯从自己开始，对人宽，对己严，坦诚付出多一点，阳光友爱多一些。健康可以是一种习惯，爱可以是一种习惯，自我负责，自强不息都可以成为习惯。

职场追梦人最需要养成两个基本习惯：一个是节制，节制过分的物质欲望，节制无谓的应酬交际，节制饮食与任何身体层面的贪恋；另一个是力行，就是说到做到，身体力行，主动付出，坚持锻炼身体，坚持微笑，坚持阅读好书，坚持规律自然的作息习惯，坚持做一个严格律己的强者。

培训是最好的福利

姚虹发现，刚加入公司的时候，新同人往往不知道自己应该做什么及怎样做，要摸索很长一段时间，才能熟练掌握工作方法。此外，每个同人的做事态度也有明显的差别，比如，绿恩总要别人催促着才能干活，而紫轩是个死心眼儿，让干什么她就干什么，没人吩咐就什么也不干。

针对这些情况，姚虹就向 Jacky Lu 建议编写一本公司的培训手册。

Jacky Lu 非常赞同姚虹的想法，并立即召集姚虹和黛蓝共同编写了一本系统实用的培训手册，把生活和工作中的常见问题逐一列出，并将每个问题的应对方法也写入手册。

随着新问题及新情况的出现，培训手册的页数越来越多了。

绿恩有个坏习惯———吃饱饭后就要睡觉，一旦这时有客人来，他就会变得心绪不佳，性情乖僻。日常培训时，绿恩把发给自己的培训手册不当回事儿，委靡不振地在一边犯懒。

黑仔觉得自己聪明过人，根本不用再学习，他只是走马观花地把培训手册翻了翻。

紫轩倒是认真学了，可他的脑子不太灵光，手册上教的能照做，没教的他想不到，自然不知该怎么办了。

姚虹看到这种情况，果断决定组织一次严格的训练。

训练第一天，姚虹就像经过休整的士兵一样精力充沛地坐在会议室中，大脑已经快速开动起来。

尽管已经发微信将培训的时间通知到了每个人，团队成员还是在九点以后才稀稀落落地进入会议室。

首先进场的是黛蓝和紫轩，黑仔在办公室门口看了看又出去打电话，当他再次进入会议室的时候已经是九点半了。

姚虹说："现在开始吧，不等绿恩了。新的季度开始了，我看了大家的业绩报表，我们手中的业绩远远不能达到目标，这跟我们的专业水平也有一定的关系。因此 Jacky Lu 就委派我作为专门的辅导老师来帮助大家。我想请大家将目前业绩提升不了的原因梳理一遍，然后看看怎么样能够找到新的业绩突破机会。谁先开始？"

姚虹先看着黑仔，他却将头转到一边。如果是 Jacky Lu 在场，每个人都争着第一个讲，姚虹通常将首先发言的机会交给表现最好的伙伴。

这时，推门的声音打破了沉默中的尴尬，绿恩从门口进来走到黛蓝旁边，挨着她坐下。

"怎么迟到了呢？"姚虹问绿恩。

绿恩解释说："对不起，有点堵车。"

"对，你住得很远，今天的交通的确很堵，可以理解。"姚虹点点头笑着说，"你昨天晚上做工作计划，应该凌晨才到家，对吧？"

"对。"

“而且你身体不很舒服，早上去了医院所以迟到，是吗?”

“那倒没有。”

姚虹连珠炮般地连续发问：“也许你女朋友今天生日，你要一早去给她送鲜花，也许你在路上救起了一位倒在地上的老太太，然后送她去医院。也许，也许还有很多实实在在的理由导致你迟到，我还可以替你找到很多理由。”

“没有了。”绿恩已经很尴尬了。

“即便有这么多的理由，你是不是就可以迟到呢？我们上周说过九点准时培训，你当时没有异议，你承诺的事情是不是就可以因为什么理由就随便放弃了呢?”

看到绿恩沉默不语，姚虹继续说：“你完全可以放弃承诺，但是你永远只能是失败者。”

绿恩心里觉得姚虹有点婆婆妈妈，但确实是自己迟到在先，又有这么多人看着自己，只好保证说：“好了，好了，我以后尽量不迟到。”

姚虹点点头说：“绿恩，你以前业绩还很不错，但我不知道是什么原因束缚了你。从今天起，我希望你能够像以前一样，我相信你能赢回来，你自己相信吗?”

“我当然信赖我自己。”

“好，你先介绍一下你自己的业绩的情况。”

……

训练结束后，姚虹手中拿着每位参加培训同人的学习总结走出会议室，她这段时间的计划就是逐一和参加培训的同人好好沟通，并找到突破业绩提升的方法。

此后，Jacky Lu 就委派姚虹作为专门的培训督查，把员工的定期培训内容与平时工作实践的情况相结合，并在培训结束后由 Jacky Lu 进行统一考核，这种方法的运用取得了很好的效果。

通过对经验与教训的不断总结，员工们终于适应了新环境，日常的工作质量也有了显著提高。

在姚虹的带领下，大家这样共同努力了一些日子，SHOWMIN 达到了前所未有的营业收入。

如今，整个 SHOWMIN 集团事业跨度很大，旗下培训连锁学校、美妆品牌、美妆连锁店、校企联盟、电商科技、文化艺术、网络科技、教育投资等控股公司、分公司已达数十家，而伙伴的培训福利也是水涨船高，并且呈现常态化和系统化的特点：

每个月的 8 日是女皇日；

每个月的 9 日是公益慈善日；

每个月的 18 日是董事长接待日；

每个月的 28 日是福利助习日；

每个月的 30 日是本月总结和下月战斗目标大会；

每个月的 31 日是体娱健康放松日；

每周二是集团雷打不动的学习日，并且每年都会组织伙伴到国外去游学考察，开阔视野，文化交流。

经管小秘密

①也许你的领导或同事并未察觉或不知如何改进一些事务的时候，如果你有好的主意，就应该主动地提出来。主动提出合理化的建议，不但可以为你赢得好人缘，更有利于你与同事的合作，提高工作效率，进而推动整个企业绩效的提高。要做到这一点，你必须主动了解和学习公司业务运作的经济原理，为什么公司业务会这样运作？公司的业务模式是什么？如何才能赢利？等等。

②主动关注整个市场动态，分析竞争对手的错误症结，可以避免思维的固化，从而提高你的工作能力。

③要编制系统的员工培训手册对新进员工进行岗位教育，手册的内容越详尽越好。

④让有实际工作经验的老师作指导，培训时要教学互动，明确学习的目的和方法，结合具体问题讲解手册内的知识。

⑤培训后要测试学习者是否真的能学以致用。

领导要懂得爱惜集体的劳动成果

黑仔从入职开始，就对这儿的工作环境很满意。

他是个聪明的家伙，为博得 Jacky Lu 的另眼相看，他感觉自己有必要为新集体贡献一份与众不同的礼物。

这天下班后，趁大家都在，黑仔说："各位，Jacky Lu 是我们的领袖，劳苦功高，既然我们现在有能力为他创造更好的生活环境，为什么不给他家里买台电视机呢？这样才显示我们对老师感恩嘛。还有，过段时间我们新店开业一周年，应搞个隆重的周年庆典晚会，对不对？"

大家对这个建议纷纷叫好。

刚开始，姚虹也很兴奋，但当她冷静地想过之后，表示反对。

姚虹非常清晰地说："各位，这个提议不错，但我认为还是为时尚早。眼下最要紧的是先把老店改进装修，因为虽然这个店业绩可以，店面环境却一直没有得到应有的更新与维护；再说，周年晚会是件需要认真谋划的事，还有预算等也应该先作仔细分析，等条件成熟后再拿出来讨论也不迟。"

然而，大家的情绪都很激动，姚虹的话没有谁听得进去。

Jacky Lu 那个时候在忙着外围的事情，就这样，周年大型晚会的建议稀里糊涂地通过了。

由于是发起人，周年大型晚会的总管职位顺理成章地落在黑仔的头上，他借此机会带人忙前跑后，举行了盛大的周年晚会，还不顾姚虹的劝阻，用开店赚来的钱请来宾们“大吃大喝”了一顿。

黑仔仍不满足，竟然私下里要求 Jacky Lu 提拔自己做副经理，Jacky Lu 推托说以后再考虑这事，但黑仔从此对伙伴儿们便以副经理的态度自居了。

没过多久，公司的现金周转就出现了不小的问题，导致进行店面装修到一半只能暂停。

Jacky Lu 意识到问题的严重性，紧急召开了专项会议商量对策。

在会上，黛蓝带头懊悔地低下头：“其实姚虹当时的考虑是对的，我也曾担心办晚会太草率太浪费，但当时却没有勇气站出来支持姚虹，这才导致现在的后果。”

见黛蓝脸上现出愧疚的神情，姚虹的心里很难受，她觉得自己才是应该做检讨的人。

Jacky Lu 见状，赶忙安慰几位得力干将：“这件事情主要责任在我，是因为我没有坚持原则和虚荣心作怪。我们的事业刚刚起步，公司任何一点收益都是大家辛苦赚来的，我应该懂得爱惜集体的劳动成果。”

当晚，Jacky Lu 自责地写下经管小秘密。

经管小秘密

①作为一名领导，必须细心甄别部属建议的优劣，不能被一时的顺利冲昏头脑。

②不能好大喜功，要量力而行，珍惜集体创造的劳动成果。

领导对下属所犯的错误必须及时批评指正

装修扩店的事情被迫停止后，Jacky Lu 决心重整旗鼓，继续把精力集中到做生意上。

但经过这次波折，员工们的积极性受到了一定程度的打击。

先是绿恩，后来是亚灰，两个人做什么事情都是拖拖拉拉，业绩也莫名其妙地打了很大折扣，要么推托身体不舒服赖在家里，要么就是整天没有业绩。

考虑到绿恩的自尊心比较强，Jacky Lu 委托姚虹间接地侧面询问，而绿恩总拿一些借口作理由搪塞。

面对这种松松垮垮的人，姚虹一时也没有更好的办法，原本也就先迁就绿恩了，直到有一天她无意中听到紫轩与亚灰的对话，紫轩的声音似乎有些生气又有些困惑："那天我下班回去的路上看见绿恩了，你猜他在干什么？他和我们隔壁的同行公司老板在神秘地说着什么，你说，这件事用不用告诉 Jacky Lu 呢？"

"我说紫轩，你简直太笨了，"亚灰的回答倒是果断得出人意料，"假如告发绿恩，Jacky Lu 未必给你什么好处，绿恩又那么厉害，你不怕得罪他吗？再说了，咱们也可以学绿恩的样儿，轻松过日子。要是 Jacky Lu 批评咱们，就把绿恩拿出来作为挡箭牌，你看怎么样？"

"这好吗？我可拿不定主意。"紫轩犹豫着。

"就这么办，"亚灰很干脆地说，"先看公司怎么处理绿恩，因为，就算你不告发，Jacky Lu 也该管管游手好闲的绿恩。如果没人管绿恩，自然也用不着怕他说咱们。"

听到这儿，姚虹才意识到问题有多么严重。

她立即动身，去找绿恩。

果然，和紫轩说的一模一样，那家伙正躲在房间里打瞌睡呢，被姚虹抓了个正着，绿恩觉得很丢脸。

由于绿恩的工作自由度比较大，姚虹当即作出调整：此次脱岗睡觉接受最严苛的成长赞助，从此以后，绿恩的工作必须有详细记录，而且要把每天的详细工作内容按时间顺序写在本子上，由姚虹进行定期检查，随时监督管控。另外，姚虹很了解绿恩，知道他特别在乎脸面，所以并没有把这件事公开。

绿恩十分感激，对姚虹的批评心悦诚服地接受了，并从此提高了外创客人的效率。

亚灰是个墙头草，一看公司严格管理的阵势，自然收敛了松松垮垮的行为。

几乎在同一时期，黛蓝一直在用心学技术。

由于经常利用休息时间苦练本领，她的技术越来越高明了。

在一次练习中，黛蓝不小心划伤到了手。

谁料这情形碰巧让黑仔看见，他本来就认为黛蓝的努力练习是为了博得 Jacky Lu 的好感，所以对黛蓝的积极态度一直很嫉妒，这回总算找到一个报复的机会了。

他吵嚷着："快来看马屁精呀，把手划伤破了。"

听到黑仔的叫喊，姚虹很气愤："黑仔，你怎么可以这样呢？黛蓝不小心把手剪破了，你不去安慰她反而说风凉话，看下回你有麻烦谁会帮你？"

黑仔理屈词穷，讪讪地走开了。

得知这一情况后，Jacky Lu 也严厉地批评了黑仔，强调员工之间要相互友爱，不能打击报复。

经历了这件事，黛蓝的精神很沮丧。她觉得自己太笨，黑仔的言行也使她伤心。

见黛蓝委靡不振，姚虹给他打气："我已经批评了黑仔，没人会听他信口雌黄的。放心，你是个好孩子，只要继续努力，一定会成为技术高手的！"

这些话让黛蓝的心情豁然开朗，她又重拾信念，认认真真地练习起来。

经管小秘密

①对工作性质相对自由的员工，要建立严格的成绩反馈制度。

②不能迁就错误，要以适当的方式教育犯错者，让他主动改正，并对其行为予以持续监督。

③主管对下属取得的成绩要及时给予赞美，一句鼓励的话就能帮助身处困境的下属跨越障碍。

勿以恶小而为之

有一天，Jacky Lu 经过卫生间，见紫轩正好出来，而水龙头没关，水在那里流个不停。

"紫轩呀，"Jacky Lu 问，"你怎么不及时关好水龙头啊？"

"水龙头坏了，我关不上。"紫轩辩解道。

"为什么不修一下？"Jacky Lu 追问。

紫轩支支吾吾地低声回答："那不是我的事儿。"

"是吗？你说，是谁的事儿？"听到这种不负责任的话，Jacky Lu 有些恼火。

紫轩自知理亏，低着头站在原地，惭愧得无言以对。

Jacky Lu 不假思索，指着从缺口处落到地上的水，说："其实你最清楚自己是可以搞定的，但为什么不主动解决问题？你要有责任心，不能做一天和尚撞一天钟，而从不关心为公司做些什么！"

说完，Jacky Lu 带着紫轩，很快就把水龙头修好了。

为了督促后进，在本职工作之外，Jacky Lu 又让亚灰负责些其他方面的事情，比如主持早操和军训。

亚灰有点钻营的小心机，他把这看作是 Jacky Lu 对自己才干的认同，所以工作得十分认真负责。

但是，最近几天来，姚虹发现亚灰总是不上操、不军训。

于是，第二天早晨，他来到亚灰的住处，见亚灰正在睡懒觉，不管怎么叫，他都装作没听见，赖在床上不肯起来。姚虹没办法，只好气呼呼地把 Jacky Lu 拉来，将亚灰睡懒觉不出早操的事情汇报了。

见到 Jacky Lu，亚灰才慢吞吞地钻出被窝。Jacky Lu 问他："为什么不按时起床？作为主持都不按时出早操，你这样做让其他员工怎么想？要是大伙都这样，早操、军训时间往后拖，工作时间往后拖，咱们靠什么来生活？你是想把这个公司搅散吗？"

"昨天睡得太晚，"亚灰辩解，"再加上紫轩夜里不停打呼噜，搞得我整个晚上失眠。"

"这只是借口，既然你加入了 SHOWMIN 大家庭，就要遵守这儿的规矩。我警告你，从今以后必须改掉睡懒觉的臭毛病！" Jacky Lu 深恶痛绝地说。

Jacky Lu 后来发现，亚灰不仅仅爱睡懒觉，干活也是拖拖拉拉，因为大家的职责之间有许多的联系。

所以，亚灰的拖拉懒散经常会侵占别人的时间，耽误别人的工作。

Jacky Lu 很快认识到，简单批评几句是没用的，因为已经有其他员工学起亚灰的样子，慢慢的不少工作被耽搁，公司里的开支有增无减。在这种情况下，Jacky Lu 和姚虹商量后，对起床晚和不及时完成工作的亚灰采取成长赞助和停止享受工作餐、减扣房租补贴的惩罚，这才刹住了他身上的毛病，同时根除了亚灰引发的坏风气。

经管小秘密

①要建立起责任追究的制度，并完全彻底地执行。

②对犯错者的惩罚是对好员工的最佳补偿。

姚虹的漏水桶理论

随着团队的进一步扩大，Jacky Lu 意识到需要改变个人决策的规则了，公司需要建立领头雁型的企业模式。于是，Jacky Lu 打算正式提拔姚虹为公司副总，以表彰她前一段时间出色的间接管理贡献。

现有团队中，姚虹办事认真，有原则有激情，而且极具企业才能，是一个很有发展前途的年轻人。Jacky Lu 认定她就是那个在必要时可以接替自己“领头雁”位置的最佳人选。于是，Jacky Lu 开始找姚虹谈心，希望将副总经理的位置托付给她。

若是换了别人，也许会惊喜若狂。但姚虹毕竟与众不同，她很冷静地对 Jacky Lu 说：“我觉得您应该从两个方面再仔细斟酌斟酌。于私而言，SHOWMIN 公司凝聚了您的心血，作为副总经理，这副担子可是重若千钧，我不知道自己能否有能力承担；于公而言，由于选择副总经理人关系到每位员工的个人利益，如果名不正言不顺，很可能会影响到业务团队的稳定。”

Jacky Lu 奇怪地问：“我是公司的老板，我选择继承人怎么会影响到业务团队的稳定呢?”

姚虹说：“作为一种社会企业形式，公司有两种意义上的所有权。一种是名义上的所有权，从表面上看，这个公司是您私人的，您可以任意处置；一种是实际上的所有权，从员工的角度来看，每个人都是为了个人的利益和前途在公司工作，因此它又是一个公众的企业。公司越是能尊重员工的个人利益，员工就越是有主人翁的工作态度；否则，他们就会失望地纷纷离去。要想长治久安，唯一的正确的做法是，把员工个人的利益和前途与公司的发展联系在一起，才可能拥有和维持一支高绩效的工作团队。”

Jacky Lu 沉吟着说：“你的话我听得懂。你是说，在公司管理上的任何举措，我都不能偏心，或者说不能有任何偏心的表现，否则就可能会因私废公。”

姚虹连忙说：“我非常愿意担任公司的副总经理，实现我的志愿和更大的价值，而且这样我自己也可以不用经历原始积累的艰辛，直接在公司的现有资源平台上干出一番事业来。只是我不愿意看到，因为某种看起来不公正的做法而影响到公司的正常管理。”

Jacky Lu 问：“你认为我应该怎么做呢?”

姚虹诚惶诚恐地说：“我不敢说您该怎么做。我只是想，公司就像一只木桶。您肯定知道那个著名的木桶理论：一只木桶能够装多少水取决于最短的一块木板长度，而不是最长的那块。这个比喻似乎还可以继续引申一下，一只木桶能够装多少水不仅取决于每一块木板的长度，还取决于木板与木板之间的结合是否紧密。如果木板与木板之间存在缝隙或缝隙很大，同样无法装满水。您可能认为我的综合能力比较优秀，但是，一个团队的战斗力，不仅取决于每一名成员的能力，也取决于成员与成员之间的相互协作，相互配合，这样才能均衡紧密地结合形成一个强大的整体。我不愿意看到，因为某种疏忽而让公司变成一只漏水桶。”

Jacky Lu 的目光在姚虹身上停滞了几分钟，然后笑道：“你的这个新木桶理论或者叫漏水桶理论确实很有道理。如果要你来做，你能箍一只好水桶吗？我是说，你认为应该如何做好公司的团队建设呢?”

姚虹回答说：“只有管理科学才能创建一支高绩效的团队。”

Jacky Lu 很感兴趣地问道：“嗯，嗯，你为什么这样说呢?”

姚虹解释说：“今天公司里面这些业务骨干，一个个都是从市场中真刀真枪地拼杀出来的。不可否认，他们具有超出常人的业务素质，比如市场敏感、胆识与魄力，以及其他赖以成功的专业优势，所以他们习惯于相信自己的这些经验和优势，不相信或不自觉地排斥管理科学。”

Jacky Lu说："经验可是好东西啊，毕竟老马识途嘛。"

姚虹说："从管理科学的角度看，经验的确是好东西。然而，有效的管理不能停留在经验上，还应该对经验进行分析研究，从中发现成功或失败的关键因素，继而使之变成科学的行为规范。"

Jacky Lu说："从经验中总结出做人做事的道理，这倒也是一种聪明的做法。"

姚虹说："为什么一定要从经验中去总结这些道理呢？如今，市场变化日新月异，就像多少年来熟悉得闭着眼睛都能走的大街小巷，一夜之间就会变得让'老马'晕头转向，根本就没办法正确地'识途'。依靠所谓的经验，对不断变化的市场环境只能做出似是而非的判断。一批故步自封的知名企业先后遭受重创，不是已经为我们敲响了警钟吗？"

Jacky Lu笑道："你且说说，如何用科学管理来创建一支高绩效的团队？"

姚虹想了想，谨慎地说："如何创建高绩效的团队是一项系统工程，我需要准备一份计划报告，明晚八点钟以前递交给您，可以吗？"

"好啊！"Jacky Lu感觉到自己越来越欣赏这个稳重的年轻人了。

创建高绩效团队的五大要诀

从Jacky Lu办公室出来，姚虹想着一定要完成这份计划报告。

她希望这份报告，能对公司的管理和发展提出一些建设性的意见。

最后，姚虹忙了一个通宵，终于整理出了一篇《创建高绩效团队的五大要诀》：

1. 营造一种支持性的人力资源环境

为了创建一支高绩效的团队，管理层应该努力营造一种支持性的人力资源环境，包括：倡导成员多为集体考虑问题，留下足够多的时间供大家交流，以及对成员取得成绩的能力表示相信。这些支持性的做法帮助企业向团队合作迈出了必要的一步，因为这些步骤促进了更深一步的协调、信任和彼此之间的欣赏。

管理者需要为此架构一种良好的沟通平台。

2. 团队成员的自豪感

每位成员都希望拥有一支光荣的团队，而一支光荣的团队往往会有自己独特的标志。如果缺少这种标志，或者这种标志遭到损坏，员工作为团队成员的自豪感就会荡然无存。许多无知的管理者不知道，团队成员的自豪感，正是成员们愿意为团队奉献的精神动力。

因此，从创建公司的形象系统，到鼓励各部门、各项目小组营造一种英雄主义的文化，都会对团队的创造力产生积极深远的影响。

3. 让每一位成员的才能与角色相匹配

团队成员必须具备履行工作职责的胜任能力，并且善于与其他团队成员合作。只有这样，每一位成员才会清楚自己的角色，清楚自己在每一个职能流程中的工作位置以及上一道工序和下一道工序。只有这样，每一个进入团队的人，才能真正成为一个团队成员。如果做到了这一点，成员们就能根据条件的需要，迅速行动起来，而不须要有人下命令——换言之，团队成员能根据工作的需要自发地做出反应，采取适当的行动来完成团队的目标。

例如，在医院的某个手术小组，如果在某个环节上，没有人在适当的时间按适当的要求去履行职责，病人就会有危险。同样的道理，公司为客户提供的服务质量也会由于某个人的失职而无法保证。所以，高效率的团队需要每一位成员的才能都能够与角色相匹配，并要求所有的人都全力以赴。

4. 设定具有挑战性的团队目标

主管人员的职责是激励整个团队向总体目标努力，而不是强调个人的工作量。

如果做得好，一位劳动模范也许会起到领头羊的作用。

然而在不同的工作环境下，这种做法却很可能打击团队的合作。

正确的做法是，为团队设定一个具有挑战性的目标，并鼓励每一位成员的团队协作精神。

当人们意识到，只有所有成员全力以赴才能实现这个目标时，这种目标就会集中员工的注意力，一些内部的小矛盾也就消弭于无形了。

此时，如果还有人自私自利，其他人就会谴责他不顾大局。这样，就能形成更加紧密团结的团队。

5. 正确的绩效评估

一个卓有成效的绩效评估体系通常包括两种评估形式：正式评估和日常管理中的及时评估。

企业之所以要进行绩效评估，首先是希望通过对员工的考核，判断他们是否称职，从而切实保证他们与职位的匹配、报酬、培训等工作的科学性，这就是绩效评估的评核性；其次是希望通过绩效评估，帮助员工找出自己绩效差的真正原因，激发员工的潜能，我们把此称作绩效评估的发展性。

与绩效评估紧密相关的工作，就是如何科学地支付报酬。作为对团队所有员工绩效的认可形式，这些报酬体系，首先在设计上应该表现出“对内具有公平性，对外具有竞争力”的特点。无论是金钱报酬或非金钱报酬，其目的应该在于激发员工的创造力和团队合作精神。

当一个项目小组或一位员工表现杰出时，我们就需要通过绩效评估来给予奖励。很多时候我们会发现，仅仅发放金钱或仅仅发放奖状是不够的，而必须同时发放金钱和奖状。例如，在颁发奖金的同时，也颁发“本月度最优秀团队”或“本月度最优秀员工”之类的奖杯、奖状。这样，那些钞票就会变得富有感情色彩，令人激动万分。在非正式的日常评估中，让报酬富有感情色彩的办法往往可以更具创意，包括各种别出心裁的礼品和请客吃饭等。

诚如姚虹所预期的那样，Jacky Lu 在看到了这篇《创建高绩效团队的五大要诀》以后很高兴，他颇有些调侃地说：“这样看来，你倒是一个团队管理的潜力高手了?”

姚虹赶忙谦虚地说：“团队管理涉及许多单元和层面，每个单元和层面都有其高妙之处。有些地方我可能做得还行，然而从整体上讲，我不过是粗知大略罢，还需要继续向您学习。”

Jacky Lu 说：“作为一个团队的领导，不一定在方方面面都得是专家嘛，很多时候，粗知大略就已经足够。”

他一边说，一边在心里暗暗拿定主意，决心要把公司的副总经理位置交给姚虹。

在此后的某天下午，Jacky Lu 把老练周到的办公室主任李艺和人事经理庞黄找来谈这件事情。

李艺说：“姚虹的确是个堪当重任的人才。但是，她年纪轻，到公司的时间也不长，忽然横空出世，大伙儿如何服气呢?”

Jacky Lu 问：“那，你说怎么办呢?”

庞黄这时淡定地说：“您可以搞一次公司内部的竞职，根据大家的意愿来确定未来副总经理的人选。”

Jacky Lu 说：“你说的方法虽然很好，但是并不一定公平。俗话说三人之中，必有同党，公司里比姚虹人缘儿更好的大有人在，可他们都不是当副总经理的材料。如果所选非人，必然会影响公司的前途。”

庞黄说：“您的意思，是想通过竞选推出姚虹，可又怕竞选结果违背您的意愿，对吗？这个好办！作为公司的老板，由您来提名候选人是天经地义的事，您只需给姚虹找两个人做陪衬即可。这样一来，另外两个候选人绝不会影响竞选的既定结果，姚虹当选副总经理也就水到渠成了。即便中间出现一些小小的意外，我这个人事部经理从中操纵，也绝对会达成所愿。”

Jacky Lu 有些犹豫地问：“这样上下其手，恐怕不是君子所为吧？”

庞黄说：“在古代中国人的行为哲学中，就有这样的思想：邪人用正法，正法亦邪；正人用邪法，邪法亦正。换一句话说，就是：为了正当的目的，可以不择手段。”

Jacky Lu 说：“这正邪之法确实很有见地，可在现实生活中却如同玩火，弄不好会毁了我 Jacky Lu 一生的清誉。这样，你且容我再仔细考虑清楚。”

没过多久，Jacky Lu、李艺、庞黄联手安排了一次全员竞选，姚虹顺理成章地当上了副总经理。

任命大会上，Jacky Lu 对员工们正式宣布了对姚虹副总经理的任命书，姚虹开始正式成为公司的执行负责人。

大家对精通业务、乐于助人的姚虹都比较认同，只有黑仔不太服气，他始终觉得劳苦功高的自己才是理所当然的副总经理。

经管小秘密

换个角度看团队

①团队建设的意义，让人生不再孤单，让生命变得不同。

②团队的作用，让企业成员内心有力量，行动有方向，彼此有支持，共创美好未来。

③团队中的人，需要自我支撑，自我负责。

④团队的“团”，被束缚的才华，有规则的才华。团队的“队”，懂得倾听的人，学会协调，能为别人着想，才能组成团队。

⑤团队建设的分寸，懂得取舍，有所为有所不为。

⑥团队的宗旨，目标一致、团结互助、荣辱与共才是真正的团队。

工作是检验高手的试金石

虽然心里嫉妒得要命，黑仔却不露声色。

等到晚上临睡前，他才对同屋的绿恩窃窃私语：“嘿，绿恩，公司刚成立时你为大伙儿立下了那么多功劳，如今 Jacky Lu 却让姚虹当了副总管，那家伙有啥能耐？不就是会奉承讨好 Jacky Lu？我看除了你谁都没资格做副总管，我呀，打心眼儿里为你抱屈。”

本来，绿恩对任命姚虹做副总的事就有情绪，又受了黑仔的蓄意煽动，结果，他一宿都没睡好觉。

第二天清早，他跑到 Jacky Lu 那里发牢骚。

Jacky Lu 一边耐心地听着绿恩的抱怨，一边暗暗盘算着怎样向他解释这件事。

“绿恩啊，” Jacky Lu 心平气和地说，“我这儿有 100 元钱，你看去给店里买点什么回来。”

绿恩的办事风格就是一个“快”字，马上他赶往集市去了。大约过了一个半小时，绿恩提着满满一袋子东西回来了，什么发夹、发胶、化妆品等。扣除了来回出租车的钱，其他全部用光了。

怀着隔岸观火的心理，黑仔正探头探脑地往 Jacky Lu 办公室里瞧呢，被 Jacky Lu 无意瞥见，就让他去把姚虹叫进来。

“好吧，”在姚虹来之前，Jacky Lu 对因为赶路而气喘吁吁的绿恩说，

“你辛苦了，坐下歇歇吧，不过别说话，看看姚虹怎么办事。”

姚虹进门了，Jacky Lu 给他同样的一百元钱，吩咐她去给店里买点什么回来。

姚虹看了眼产品柜，又看了看绿恩的袋子，转身出门去，把自己进行中的工作交代给了黛蓝，又跟黛蓝借了辆车子，然后才出店门。

一个小时过去，姚虹没回来；两个小时过去，姚虹还没回来。

绿恩得意地想：不管这家伙买到什么，在效率上都输给我了。

这时，门开了，是姚虹回来了。

她轻轻放下箱子，把装得满满的货物逐样取出：先拿出的是吹风机。绿恩心中一气：我怎么忘记上次会议黛蓝说该换吹风机的事情了？

然后，姚虹又拿出来 20 多条毛巾，最后是几盒餐巾纸，还带了一些造型膏。

“绿恩和姚虹，把你们买回的东西先放这儿吧，陪我出去一下。”Jacky Lu 说。

Jacky Lu 带领他们俩到了仓库门前，保管员黛蓝正在收拾一堆发夹、发胶、化妆品，绿恩的脸色不禁变得很难看。他们来到摆放存货的架子旁边，看见放造型膏那层是空的，而毛巾早就不够用了，餐巾纸正好是马上需要的。

“绿恩，你忘记了上次会议的内容，去买东西前也没有查看我们到底缺什么，当然更不知道昨天紫轩已经买回许多发胶；另外，姚虹借转身出门的时候，首先把自己的工作交待给了黛蓝，又跟黛蓝借了辆车子，然后才出店们，还节约了 38 元的打的费，是不是？”Jacky Lu 又转向绿恩，盯着他的眼睛，语重心长地说，“现在，你知道我选择姚虹做副总经理的原因了吧？”

升任副总经理以后，姚虹果然充分施展了她的才干，为 Jacky Lu 分忧解难。同时，由于给了姚虹发挥能力、提高素质的空间，Jacky Lu 自己也摆脱了日常琐事千头万绪的纠缠，他可以集中精力计划下一步的发展计划。让 Jacky Lu 喜出望外的是，自己又有空闲时间到全国各地参加一些课程培训和学习了。

经管小秘密

①工作本身没有高低贵贱之分，区别的是做工作的人。

②领导者在很多时候不要被表面现象迷惑，必须清晰深入、不带情绪地看到员工的表现究竟如何，学会透过现象看本质，学会用数据做评判标准。

第六章　搭桥第三式——“萝卜”“大棒”要用好

新官上任三把火

姚虹新官上任，亦喜亦忧。

所喜者，她忽然拥有了近500万元企业资产的管理权，登上了个人职业生涯的第一个高峰；所忧者，上任之初，人心散乱，纰漏丛生。

人事经理庞黄见多识广，他主动走进姚虹办公室，得体地说：“姚总，尽管你通过了竞选，可还是有人不信服你，甚至有人故意要看你的笑话。你现在要做的工作，就是稳定军心，迅速打开工作局面！”

姚虹着急地说：“您是人事高手，又是公司的元老，可得帮我出主意啊！我现在千头万绪，简直不知道从哪里开始着手！”

庞黄说：“所谓稳定军心，第一步就是让员工满意！如何让员工满意，通常有3种办法，也就是人们常说的‘新官上任三把火。”

姚虹急忙问：“哪三把火？”

庞黄说：“第一把火，给他们增加工资。你刚刚上任，许多地方都需要得到他们的支持，用加薪的办法换取支持，是新官上任常用的手段之一。”

姚虹摇摇头说：“我对公司的财务状况尚不清楚，怎么能妄言加薪呢?”

庞黄说:“第二把火,改善公司的工作环境。例如,三楼厕所的下水管道堵两个月了,销售部损坏了好几张办公桌。您可以把公司重新装修一遍,更换一批办公家具,让公司的面貌焕然一新。”

姚虹还是摇摇头,说:“维修是有必要的。可装修是个无底洞,多少钱都装得进去,还是谨慎一点为好。”

庞黄说:“第三把火,做一次员工满意度调查……”

没等庞黄说完,姚虹就说:“确实有必要做一次员工满意度调查。可是,万一在调查中出现难以收拾的局面,岂不是自取其祸?”

庞黄笑道:“您大可以在做完员工满意度调查之后,根本不去理睬结果。”

姚虹大吃一惊:“怎么可以这样不负责任呢?”

庞黄依然平静地笑:“您难道不懂吗?这就叫官样文章。新官上任三把火,你总不能一把火都不烧吧?”

姚虹问:“这种不管结果的调查,做它又有何用呢?”

庞黄说:“您需要的是另一种结果,此中奥妙需要您自己去悟。”

姚虹顺水推舟:“既然如此,就请你来设计这份《员工调查问卷》吧。”

庞黄察言观色,知道她已经心动了。20分钟后,庞黄再次走进了姚虹的副总经理办公室,递上一份调查问卷的设计稿。

员工调查问卷(A)

请根据下面的提问给出答案:

①你认为公司在管理上存在哪些问题?

②你认为新任副总经理在能力上有哪些不足的地方?你希望新任副总经理怎么做?

③你认为还有哪些同事在能力或品德上有问题？公司应该如何对他们进行处理？

④你认为公司应该在工作环境上做出哪些改善？

⑤你的工资够用吗？如果不够，你希望达到什么标准？

姚虹看了半天，迟疑地说：“要说，这么问也确实有必要。可是，对于我个人而言，好像是在自讨苦吃吧？”

庞黄说：“是啊，这种开放式的提问确实容易惹麻烦。您再看看下面一页，我换了一种封闭式的提问办法，就会得到另一种完全不同的效果。”

庞黄一边说，一边递给姚虹第二份问卷。

员工调查问卷（B）

请在你选择的答案后面的括号里打√：

①与领导齐心协力的员工才是好员工，对吗？对（　　）；不对（　　）。

②有时候你并不理解领导的良苦用心，对吗？对（　　）；不对（　　）。

③忠诚的员工总是对公司的未来充满信心，是吗？是（　　）；不是（　　）。

④在过去的一年里，你是一个称职的员工吗？是（　　）；不是（　　）。

⑤为了公司的前途，你愿意牺牲个人利益吗？是（　　）；不是（　　）。

姚虹看着有趣，一张苦脸终于开颜笑道：“你这样问，不是让人害羞吗？”

庞黄回答说：“是啊，这人一害起羞来，哪里还会攻击别人呢？”

姚虹大笑起来：“问得妙呀！庞黄啊，真有你的。我这新官上任，就先烧你这把火，让大家先害害羞吧！”

当“员工调查问卷”一经发放，果然是人人害羞，继而对新任副总经理肃然起敬。

管理是一种控制性的游戏

看到公司的局面顿时为之一变，仿佛是风收云散之后的万里晴空，姚虹高兴得不行，专门打电话到庞黄的办公室，约他下班后找一家酒店小小地庆祝一番。

“为什么不现在就去呢？”庞黄说，“您这也是为了工作嘛，为什么要占用私人时间呢？”

“是吗？”姚虹一时还没反应过来。

庞黄说：“您得明白，当领导的和做部属的就是不一样。当领导的怎么工作呢？通常是一天三转，上午围着轮子转，下午围着盘子转，晚上围着裙子转。怎么样？下午就围着盘子转一回吧？”

姚虹听得一怔，沉吟半晌，继而哈哈大笑道：“庞黄啊，你的想法听着都透着邪性！好吧，就依你。你说，去哪儿吧？”

等到姚虹走进酒店包房，庞黄早已等在那里了。

“其实，也不光是为了吃饭。”姚虹看着他，缓缓地问道，“庞黄啊，你说我会不会成为一个昏庸的管理者？”

庞黄说：“我就知道您是个以工作为重心的人。有一句话是怎么说的？请客吃饭也是为了工作，人家都把它当成官场上的一句大笑话，可到了您这儿却是一句大实话。”

庞黄边说边举杯示意，俩人对饮了一回，然后他继续说道：“您是一个有追求的人，否则 Jacky Lu 不会那么欣赏您，还选中您做接班人。”

姚虹苦笑道：“可我现在怎么有一种缺氧的感觉呢？”

庞黄用了七分心思吃基围虾，另外三分跟姚虹说话：“是啊，这叫高山反应，您很快会适应的。”

姚虹的胃口没有庞黄那么好，她请服务员倒了一杯白开水，把杯子握在手心里，心事重重地说：“我是说，这些员工也真是实在，居然被一张问卷式的表格搞得服服帖帖的。这么看来，难道管理是一种控制性的游戏?”

姚虹忽然意识到了什么，而那正是她需要的。

庞黄也稍作沉吟，说：“姚总既然如此说，我倒是想起来了。前些日子，我就写过一篇随笔，题目是《论管理的游戏规则》，也许对您有一些参考作用。”

论管理的游戏规则

第二天，姚虹上班第一件事就是去企划部找庞黄。

庞黄说：“怎么好劳动您的大驾枉顾呢？我昨夜里已经把那篇稿子发到您的电子邮箱去了。”

姚虹连连说：“好！好！好！我今儿个哪里都不去，马上一睹为快!”

她一回到办公室，立即打开电脑，找出了庞黄的那篇随笔。

《论管理的游戏规则》

①管理就是一场控制性的游戏，如果你足够聪明你就会赢，否则就只能听天由命。

②为了在游戏中尽可能地胜出，你应该首先设计好游戏的规则——一套完整的职场规则，包括职务权限、员工行为规范，以及“萝卜 + 大棒”式的奖惩制度。

③在游戏面前，你只有两种选择：或者，你确信自己能够赢，于是你投入足够多的能量来赢得一切；或者，你不进行这个游戏。

④如果你只是希望而并非确信，那么，在这场游戏中你是否能赢的决

定权就不在你的手中。一颗不安定的心会阻止你按决定行动，从而使决定是否获胜的大权旁落。

⑤因为每一个参与游戏的人都是你生活中的一部分，如果你能够控制自己，你就能战胜所有人。

⑥很多时候你可以发现，为了自己能赢，最好的办法是和别人联合起来共赢。奇怪的是，在一场共赢游戏中总有人会输。如果你聪明，那个输的人就不是你。

⑦你是所有人的对手，你或者被利用或者被清除；所有人也都是你的对手，有些人须要利用，有些人须要清除。

⑧所有参与游戏的人都在捕捉别人的弱点，并设法加以利用。为此，你必须信念坚定，充满警觉。

⑨因为足够聪明而故意表现出某种弱点（例如装糊涂）是一种聪明的办法，这样就能让你的对手松懈下来。

⑩为了赢得一场控制性的游戏，你应该学会利用情感。你的情感能够打动别人，也能被对手利用。

⑪所谓做人其实就是如何跟对手打交道。你就是你自己最大的对手。

⑫在管理工作中，不要作茧自缚地受困于某种游戏规则，所有的规则都是为了顺利地赢得游戏，请善加利用这些规则。

姚虹一边看，一边心中暗自寻思：这庞黄简直太厉害了，他可是把什么都说了，落笔如同挥刀，每一句都可见肉中白骨。好哇，有了这篇游戏规则论，我姚虹待人处世，便如庖丁解牛一般，游刃有余了。如此，何愁不能成就一番大事！

姚虹这么想着，右手不自觉地抓起了电话："庞黄啊，你是'只要一出手，必见真功夫'啊！如果有空，中午一起吃饭吧？"

庞黄说："还一起吃饭哪？有什么事吗？"

姚虹说：“我想升你做总经理助理。”

庞黄问：“为什么？”

姚虹说：“因为你的杰出才能和贡献啊。如果没有你庞黄，我就不会那么顺利地通过竞选，成为公司的副总经理。如果没有你庞黄，我就无法稳定军心，公司里很可能出现群起聒噪的局面。你不是说管理是一种控制性的游戏吗？为了公司全体员工能够共同赢得这场游戏，我需要借助你的智慧和力量。”

庞黄沉默了5秒钟，问：“您就不怕别人嫉妒我？咱们还得注意处理游戏中的情感问题呀！”

姚虹说：“这点小麻烦，你动个小指头都能搞定。”

庞黄说：“话不能这么说。在那篇随笔中，我忘了一句话：每个人都在管理自己的生活，所以人与人的关系是互动的，您也会受到别人某种形式的控制。”

兔子与萝卜的故事

萝卜的种类与用途：小功不赏，则大功不立；小怨不赦，则大怨必生。

话说姚虹就任公司副总经理之后，接受庞黄的建议，采用羞怯调查法巧妙平息了公司内外的聒噪。

每一位员工见到姚虹都羞羞答答的，让她别有一番话梅似的滋味在心头。

不过，姚虹深知使员工羞怯只是一种暂时退烧的办法。

要想公司获得健康的发展，必须采用运动疗法，也就是说，必须设法让员工们积极地工作起来，让业务和利益带着大家向前冲才行！

而要想实现这个目的，就需要高明的激励奖惩技巧。

咚咚咚，这时李艺敲门进来，问："姚总，本月的员工薪酬报表您签字了吗？"

姚虹请他坐下，跟他商量说："我想给庞黄多发500元奖金，你看合适吗？"

李艺问："有什么理由吗？"

姚虹说："理由倒是有，可不好明说。"

李艺又问："您是不是觉得庞黄给了您很大的帮助，需要表示感谢？"

姚虹点点头。

李艺说："既然如此，我认为您的感谢出于私心，不能代表公司发这个奖金。"

姚虹有点不高兴地说："难道我连发奖金的权力都没有吗？俗话说：'军无财，士不来；军无赏，士不往。'作为一个堂堂副总经理，如果不能给人恩惠，谁还会为公司干活呢？"

李艺说："您作为副总经理，奖励员工是应该的，但绝对不可以随心所欲。我给您讲一个兔子与萝卜的故事，您可以从中明白一些道理来。"

1. 兔王遇到的难题

南山坡住着一群兔子。在蓝眼睛兔王的精心管理下，兔子们过得丰衣足食，其乐融融。可是最近一段时间，外出寻找食物的兔子带回来的食物越来越少。为什么呢？兔王发现，原来是一部分兔子在偷懒。

2. 奖励的必要性

兔王发现，那些偷懒的兔子不仅自己怠工，对其他的兔子也造成了消极的影响。那些不偷懒的兔子也认为，既然干多干少一个样，那还干个什么劲呢？也一个一个跟着偷起懒来。于是，兔王决心要改变这种状况，宣布谁表现好谁就可以得到他特别奖励的萝卜。

3. 随意奖励，激起不满

一只小灰兔得到了兔王奖励的第一根萝卜，这件事在整个兔群中激起了轩然大波。兔王没想到反响如此强烈，而且居然是效果适得其反的反响。

有几只老兔子前来找他谈话，数落小灰兔的种种不是，质问兔王凭什么奖励小灰兔？兔王说：我认为小灰兔的工作表现不错。如果你们也能积极表现，自然也会得到奖励。

4. 兔子们学会了变脸

于是，兔子们发现了获取奖励的秘诀。几乎所有的兔子都认为，只要善于在兔王面前表现自己，就能得到奖励的萝卜。那些老实的兔子因为不善于表现，总是吃闷亏。于是，日久天长，在兔群中竟然盛行起一种变脸式（当面一套背后一套）的工作作风。许多兔子都在想方设法地讨兔王的欢心，甚至不惜弄虚作假。兔子们勤劳朴实的优良传统遭到了严重打击。

5. 有规矩才能成方圆

为了改革兔子们弄虚作假的弊端，兔王在老兔子们的帮助下，制定了一套有据可依的奖励办法。这个办法规定，兔子们采集回来的食物必须经过验收，然后可以按照完成的数量得到奖励。

一时之间，兔子们的工作效率为之一变，食物的库存量大有提高。

6. 注意奖励制度的改革

兔王没有得意多久，兔子们的工作效率在盛极一时之后，很快就陷入了每况愈下的困境。兔王感到奇怪，仔细一调查，原来在兔群附近的食物源早已被过度开采，却没有谁愿意主动去寻找新的食物源。

有一只长耳朵的大白兔指责他唯数量论，助长了一种短期行为的功利主义思想，不利于培养那些真正有益于兔群长期发展的行为动机。

7. 当规矩被破坏之后

兔王觉得长耳兔说得很有道理，他开始若有所思。有一天，小灰兔素素没能完成当天的任务，他的好朋友都都主动把自己采集的蘑菇送给他。兔王听说了这件事，对都都助人为乐的品德非常赞赏。

过了两天，兔王在仓库门口刚好碰到了都都，一高兴就给了都都双倍的奖励。此例一开，变脸游戏又重新风行起来。大家都变着法子讨好兔王，不会讨好的就找着兔王吵闹，弄得兔王坐卧不宁、烦躁不安。有的说：凭什么我干得多，得到的奖励却比都都少？有的说：我这一次干得多，得到的却比上一次少，这也太不公平了吧？

8. 萝卜也会失去激励作用

时间一长，情况愈演愈烈，如果没有高额的奖励，谁也不愿意去劳动。可是，如果没有人工作，大家的食物从哪里来呢？兔王万般无奈，宣布凡是愿意为兔群做贡献的志愿者，可以立即领到一大筐萝卜。布告一出，报名应征者好不踊跃。兔王心想，重赏之下，果然有勇夫。

谁也没有料到，那些报名的兔子之中居然没有一个如期完成任务。兔王气急败坏，跑去责备他们。他们异口同声地说：这不能怨我呀，兔王。既然萝卜已经到手，谁还有心思去干活呢？

听完这个故事，姚虹惊奇地说：“想不到萝卜里面还有这么多讲究！更让我始料未及的是，萝卜居然也会失去激励作用！”

李艺说：“对一个极度饥饿的人来说，给他第一碗饭吃是救命；第二碗饭是满足；第三碗饭则是‘毒药’。等到他吃第三碗饭时，饭的价值对于他而言，已经完全发生了变化，他哪里还能体味‘粒粒皆辛苦’的意义呢？同样的道理，那个兔王的萝卜不仅没能起到激励的作用，反而使得兔子们一个个变得骄奢淫逸了起来。所以，作为副总经理，您应该先弄懂萝卜的含义，否则，您不仅无法激励员工们努力工作，反而会惹出许多麻烦。假如真是这样的话，您给他们的可就不是快乐，而是毒药了。”

姚虹感叹说：“今天若不是你提醒我，明日我就要遭遇兔王同样的命运了！”

李艺说：“是啊。就拿庞黄的事情来说吧，您已经把他提拔为总经理助理了，这事也引起了员工们的许多闲言碎语。再把奖金一发，大伙儿就会认为，只要善于在您的面前表现自己，就有升职加薪的机会。如此一来，他们就会在您面前玩变脸的把戏。这样的话，对于庞黄也会造成两个方面的伤害：一方面别人会骂他是马屁精，使得他正常的人际关系受到伤害；另一方面，庞黄自己也很可能变得恃宠生娇，使得他良好的道德品质受到伤害。您说您发给庞黄的这笔奖金，是不是一包有百害而无一利的毒药呢？”

“既然如此，庞黄的这笔奖金到此就烟消云散了，你也不要跟任何人提起。”姚虹沉思着说，“还有，你刚才说的意思，我提升庞黄为总经理助理也是一种萝卜吗？”

李艺说：“没错，萝卜有许多种类，并不仅限于现金。”

有多少需求就有多少“萝卜”

“在人力资源管理中，萝卜是什么意思呢？就是能激励员工努力完成工作任务的方法和方式。”李艺解释说，“从这个意义上讲，能起到激励作用的任何方法、方式都可以是萝卜。”

姚虹问：“按照你的理解，萝卜有哪些种类呢？”

李艺想了想说："这要从员工们的需求等级来着手分析。"

"员工们的需求等级？是那个著名的马斯洛需要层次论吗？"

姚虹兴致勃勃地说："这个马斯洛是个心理学家，他认为人有5种层次的需要。第一是生理需要，是个人生存的基本需要，例如吃穿用度等。第二是安全需要，包括心理上与物质上的安全保障，例如不受盗窃和威胁、预防危险事故、职业有保障、有社会保险和退休基金等。第三是社交需要，人是社会的一员，需要友谊和群体的归属感，人际交往需要彼此同情、互助和赞许。第四是尊重需要，包括要求受到别人的尊重和自己具有内在的自尊心。第五是自我实现需要，指通过自己的努力，实现自己对生活的期望，从而对生活和工作真正感到很有意义。根据马斯洛的需要层次论，只有能满足一个人的需要的给予，才能成为对他的激励因素。这个道理，跟你刚才说的一碗饭两碗饭三碗饭的意思差不多。"

李艺接着姚虹的话说："员工们的需求等级和马斯洛需要层次论在结构形式上是一样的。这种结构形式基于3个基本假设：第一，人要生存，他的需要能够影响他的行为，只有未满足的需要才能影响行为，已经满足了的需要不能继续充当激励工具；第二，人的需要按重要性排成一定的次序，形成层次性的结构。第三，当人的某一级的需要得到最低限度满足后，才会追求高一级的需要，如此逐级上升，成为推动继续努力的内在动力。"

姚虹为李艺倒了一杯水，以满足他喝水与受重视的需要，一边奉上茶水一边问道："你且说说，员工们有哪些需求等级？"

李艺便向姚虹要了一支笔和一页便笺纸，画出一个金字塔的形状，列出8个等级，名之为"员工需求层次示意图"。

姚虹盯着示意图，大吃一惊："李艺，这是你的经验吗？员工们的最低需求竟然是按时发工资？"

李艺说："在很多公司，在很多时候，员工们的这一最低需求也得不到满足。您翻翻报纸，有关拖欠工资的劳资纠纷还少吗？通过您的管理，如果能让公司每月按时发放工资，包括我在内的全体员工都会由衷地感谢您。”

姚虹待了一待，继续问道：“难道冬天送温暖、夏天送清凉之类的官样文章也会让员工们感激涕零？”

李艺说：“这年头，人心不古，愿意做这种官样文章的，就已经是爱民如子的好官啦！员工们看重的，不是一杯饮料，而是公司领导的一片心哪！”

“瞧你说得如此可怜！”姚虹问道，“那么，可不可以改变这种需求层次呢？”

李艺微微笑道：“您听说过守株待兔的故事吗？”

姚虹回答说：“小学一年级就听过。说是一个农夫无意中捡到一只被树桩撞死的兔子，从此之后，他就不干活了，天天幻想着捡兔子呢。”

李艺说：“对于任何人而言，超过需求之外的意外收获都是毒药。您已经改变了庞黄的需求层次，难道还要把所有人都变成他那个样子吗？”

姚虹奇怪地问：“庞黄怎么了？”

李艺清楚地告诉他：“您给庞黄升职加薪，不是因为他是否适合做总经理助理，而是因为他帮过您。这样，您就可能把他变成了一个守株待兔的机会主义者。现在，他也许正幻想通过等待和策划，去获得目标中的第二只兔子呢，而一个喜欢玩弄机巧的员工将不会是忠诚务实的员工。”

姚虹像一个犯了错误的小学生，变得沮丧起来：“李艺啊，你说我究竟应该怎么做才对呢？”

李艺说：“您只需要按照每一位员工的需求层次，循序渐进地去满足他们就行了。不仅您需要循序渐进，员工们也需要循序渐进。如果您发现谁有金子（奖金）、房子（住房分配）、车子（豪华轿车）、位子（职位升迁）之类的非分之想，那么，就恰恰是需要管理技巧的时候。作为公司的管理人员，无论是您，或者是我，都有一个艰巨的任务，就是要设法说服员工们抛开一些自私的短期的目标，让他们把注意力集中到公司的长远发展上来。”

一些不需要花钱的萝卜

“还有相当重要的一点，不要随便花钱！”李艺无限忠诚地谆谆教诲着新任的副总经理，“贪钱的员工不是好员工，但贪钱的企业管理者却绝对值得称赞。泰山不让土壤，故能成其大；江海不拒细流，故能成其深。作为领导者，您得明白，钱对于公司的发展壮大是一种多么重要的资源！”

姚虹只好继续向他虚心请教：“刚才你告诉我，员工有 8 种需求层次。现在，你再告诉我几种不花钱的萝卜吧！”

李艺点点头说：“既然姚总愿意不耻下问，我就把自己研究多年的 10 种不花钱的萝卜告诉您。”

1. 天女散花

天女散花是在中国地区广为流传的很讨人喜欢的神话故事。对于企业管理者而言，这种招法是一种不需要花钱，但效果却非常绝妙的萝卜。其原因很简单：作为管理者，您可以四处转转，这里一句夸奖，那里一句表扬，就能使员工的内啡肽增加。而内啡肽能够让员工兴奋不已，从而可以提高员工们对痛苦的承受能力，很自然，他们会因此而加倍努力工作。

2. 表示关怀

当领导者开始关怀部属的私人生活时，马上就会和他们形成某种特殊关系。这种特殊关系，不仅可以让部属们不要钱而多干活，甚至在关键时候能使他们去勇敢地从事异常艰巨的工作。

在中国许多历史题材的影视作品中，经常出现以下的镜头。

在一间密室里，一位领导模样的人神色凝重地问道：“张三，我待你如何?”

张三立即表示：“大人待我恩重如山!”

领导者继续问道：“有一件事，不知你能否完成?”

张三也不问是什么事，首先表白自己的忠心赤胆：“大人但有差遣，张三万死不辞!”

真是恩之所至，士卒赴死。

3. 表现关怀

如果你对员工的私人生活（家庭、婚姻、健康以及个人动态）一点兴趣也没有，这一招对你就非常实用。你可以用一些巧妙的方法，一方面让员工为你假装的关怀感激涕零，另一方面你也可以避免去听一些你不愿意听的冗长乏味的故事。

有一个好办法是这样的，你兴致勃勃地开车经过员工身边大约 100 米距离，冲着他大吼一声：“你家里还好吗?”这样，你就可以用最大的音量来表达你的关怀，人人都知道你很关心他，又不用去听他唠叨。

尤其是逢年过节，许多领导者都擅长通过小举动、小礼物表达这种关怀。

假如你觉得日久天长换回别人对你的假情假意那也没什么，假如你认为相互深度了解基础上的真诚交情太过消耗时间，你也大可以玩玩这种把戏，有时或者说短时期内还是非常有效的。

4. 具有特殊意义的礼物

尽管生日贺卡只是一张硬纸，然而，如果上面有你的签名就会让员工备感荣幸。

同样的道理，到商场买一条领带只需要几十元（找领带批发商订货就更便宜了），一旦它成为荣誉的象征，对某人就意味着一种不寻常的价值。

假如某个员工开发了可为公司赚取数千万元的新项目，你可以用这种方法一箭三雕：开一个表彰大会，把那条领带大张旗鼓地奖给他。

这么郑重其事有3个好处：一是使得那条领带看起来像是无价之宝；二是让得到领带的员工感动得流下眼泪，使他为得到第二条领带而死心塌地地继续埋头苦干；三是使他的同事疯狂地嫉妒那条领带，从而建立“往前走是领带（萝卜），往后走是皮带（和大棒的作用一样）”的职场理念。

5. 让工作充满挑战性的刺激

工作太简单了，员工们就会觉得乏味；太难了，他们又会感到恐惧。

其实，关键的问题不在于工作的难易程度，而在于工作是否充满刺激。

例如，你可以把一件事说得很难很难（尽管大家都知道它很容易），当员工们轻而易举地完成任务时，你就可以把他们夸得像英雄。

又比如，当你分派一项艰巨任务时，你可以把它作为“挑战”交给张三。

你郑重其事地表示相信，只有他才能做得好。

于是，即使张三遇到天大的困难，他的胸中也会充满奥林匹克运动员似的坚强信念。

6. 颁发奖状

奖状几乎不需要成本，然而它的萝卜效应却出奇的好。

一纸奖状不仅能够满足员工的荣誉感，同时也表明：这位员工心甘情愿用自己辛勤的劳动来换取这张不需要花钱的硬纸，他还将继续用自己辛勤的劳动来换取这种不花钱的硬纸，其他人员也应该像他那样用自己辛勤的劳动来换取这种不花钱的硬纸。

于是，他就成了明星般的榜样。

7. 和员工一起共进午餐

如果员工有机会和你一起共进午餐或谈天，无疑会感到荣幸。

他会产生一种幸福的错觉，以为自己有能力、受到赏识和倚重、正在平步青云，等等。

你可能会为这种错觉感到内疚，而实际上员工们的确需要这种错觉。

8. 给员工自己制定工作目标的机会

如果员工有机会自己制定工作目标，他会用十二倍的努力来证明自己的计划是对的。

因此，让员工参与制定工作目标的过程简直就像是“上套子”，实际是把梦想的主动权交给员工。

这种授权方式最能体现领导者的管理艺术，否则，一不小心就可能把事情搞砸。那些员工会像幼儿园的小朋友似的提出一些有趣却无法衡量的目标。

而你的真正目的，是让员工主动制定出你想要的工作目标。

9. 鼓励他们的献身精神

不要提倡员工按时下班（至少晚 10 分钟才能离开工作岗位），更不能允许员工装病请假，恰恰相反，要鼓励员工超时工作和带病工作。如果你善于培养他们的献身精神，你不用花钱就能得到更多的“剩余价值”。其中的诀窍在于，你不要把它叫作“免费加班时间”，而应当把它叫作“敬业精神的突出表现”。

10. 策划员工之间的竞争

如果你能策划员工之间的竞争，使他们一个更比一个敬业，他们就会一个更比一个可爱，你的萝卜效应就会如同多米诺骨牌一样精彩不断。

每一位员工都是一张多米诺骨牌，你得把他们摆放好位置。

然后，你需要一位员工做榜样，而榜样的作用是无穷的。

姚虹一边听，一边做笔记，一边惊叹不已："李艺啊，你这 10 种不花钱的萝卜，就仿佛 10 招萝卜神功，令人眼花缭乱哪!"

李艺感慨地说："在管理世界之中，萝卜的游戏无处不在。无论所见、所得或运用之妙，完全存乎一心。"

让萝卜游戏振作公司的士气

姚虹很快吸收了各种"萝卜"的营养，并且推陈出新，设计出一套集萝卜之大成的超级萝卜游戏，没有花什么成本，就使得工作充满趣味，让员工们士气高涨并且乐此不疲。

游戏是这样进行的。

第一步，按照不同的档次，向员工们陈列展示各种令人兴奋的萝卜。

第二步，当员工在工作上有优异表现时，经由上司或同事提名，就可以获得一个荣誉点数。

第三步，集合足够的荣誉点数，就可以向公司兑换现金、奖品，例如家用电器或旅游，员工也可以将这些点数继续累积，将来兑换更大的奖品。

姚虹解释说："这种游戏听起来好像很老套，在各种商品的促销活动里常常可以看到。但是，同样的构想运用在不同的地方，往往会产生不同的效果。我相信，员工们会很喜欢这个游戏。他们喜欢追求意外的利益，当他们得到奖品时，就会有一种赢的感觉和享受。”

“把这种方法用到管理中来，姚总可谓天下第一人。”李艺赞不绝口，附议说，“这个游戏最值得品味的地方就是，员工可以根据自己喜好的萝卜来累积点数，从而可以让萝卜的诱惑力与员工的绩效成正比。员工们会觉得，自己的努力必将受到公司的肯定和赞美。当他们如愿以偿时，自然会感到特别欣慰。”

果然，活动一经推出，就成功地吸引了员工们的注意。

公司每天像过节一样，而大家也乐在其中。他们为了获得荣誉点数而争先恐后，很快就有99%的员工得到了数目不等的荣誉点数，其中12%的员工已将点数兑换成奖品。例如，黛蓝通过这项方案将自己的书房重新装饰一新；紫轩将点数兑换成旅游，全部费用由公司支付。

与此同时，公司的业绩也在蒸蒸日上。

姚虹趁热打铁，从这些可观的既得利润中拿出一小部分，作为萝卜的报销费用。

首战告捷，姚虹一下子找到了领导人的角色感觉，顿时信心百倍意气风发起来。她的萝卜理论也在青出于蓝，不断地发扬光大。

有人责怪他说：“像你这样满脑子小恩小惠和一肚子假仁假义，一天到晚玩弄萝卜大棒游戏，就不怕死后下地狱吗?”

姚虹一脸和颜悦色，回答说：“满脑子小恩小惠不假，一肚子假仁假义未必。还有，你说我玩弄萝卜大棒游戏，你自己又何尝不是如此呢?”

那人质问道：“你凭什么说我玩弄萝卜大棒游戏?”

姚虹提醒他说：“你刚才不是用地狱来警告我吗? 所谓天堂，就是一种萝卜；所谓地狱，就是一种大棒啊!”

经管小秘密

①作为公司或一个团队的管理者，你需要通过员工的进取去实现经营

目标。然而，如果没有激励，员工的士气就无法振作，你的目标就会变得虚妄。因此，在一个以人为本的企业文化中，萝卜几乎无处不在，并且表现出各种赏心悦目的形式，令人热血沸腾。由此可见，萝卜政策是“古已有之，于今为烈”。

②你也需要一些萝卜来营造一种积极的团队文化，包括那些不花钱的萝卜。作为一个领导者，你的主要任务就是用各种符合人性的智慧与爱，完成对部下工作积极性的科学引导。

③一个企业必须尊重金钱规则，又必须有高于金钱之上的价值，因为金钱刺激只能让员工不想离开你而已，你给他住房给他车子了，只是不离开你而已，你说他真正的干劲儿呢？未必有。只有想办法激发出员工的使命感，激发出他本身想完成的超越自己的荣誉感，让他快乐奋斗才行。

给出萝卜时，不能扔了大棒

那一年的8月，公司又多了一个新员工：名字叫郑士。

郑士是紫轩在网吧遇到的。当时，这个有点邋遢的小伙子问紫轩：“你住在哪里？干什么的呀？”

“我在SHOWMIN公司工作，是做美妆行业的，我们Jacky Lu聪明又能干，我们公司人可多啦，有姚虹、黛蓝、黑仔、庞黄、绿恩……哎呀，不能再跟你多说了，还要回去呢，再晚住的地方就关门了。”紫轩边说边朝着宿舍跑去。

刚跑了几步，紫轩又听到郑士喊他：“等一下，我有事儿求你！”

“什么事？”紫轩停下来问道。

郑士大声说：“我也想加入你们SHOWMIN工作，你肯收留我吗？”

“我也不知道行不行，因为这不是我能决定的事情。这样，我带你去见我们姚总吧。”好心的紫轩说。

见到姚虹，郑士拿出自己一流的口才，满脸真诚的表态让姚虹收下了他。

因为郑士长得又丑又胖，姚虹决定先试用看看。

最初几天表现还好，过了段时间后，郑士就原形毕露了：白天只知道躲在美妆室里睡大觉，对其他员工也不友好，仗着自己的长得高大，就吓唬别人，有一次竟骂了紫轩。

紫轩很生气，后悔帮助了这忘恩负义的家伙。

还有一次，郑士把发胶瓶子给碰倒了，听见发胶瓶子倒地的声音，他看都不看一眼，更别说去扶起来，任凭发胶洒在地上。

姚虹开会回来，听到大伙儿汇报才知道郑士连发胶瓶子倒了也不肯扶，非常生气，就严厉批评了郑士。

没想到郑士竟然完全没有职场素养，当时就骂骂咧咧闹情绪，姚虹为了杀一儆百，果断地把郑士劝退了。

经管小秘密

①刻薄易怒的懒家伙是一匙破坏力惊人的污水，他能把一桶清水变成一桶污水。遇到这样执迷不悟的人，管理者要坚决把他从团队中清除，否则会给企业造成巨大的损失。

②管理者要对每项工作进行跟踪反馈，从而防患于未然。

领导有责任帮助下属检讨工作细节并进行评估和预测

在姚虹的执着过问下，紫轩的状态终于有了改变。

虽然为人处世墨守成规，但紫轩是勤劳的，姚虹的“萝卜大棒组合拳”也多多少少调动了他的学习意愿，他制订了每日工作计划，而且要求自己严格执行这个计划。

紫轩的计划是这样：第一步，把当天工作目标落实到位；第二步，全力以赴的服务好每一个客人；第三步，总结一天的得与失。

计划执行的第一天就不太顺利，临近中午，紫轩才服务了两个客人，和目标相差甚远。

姚虹是全程协助紫轩制定的工作目标，此时看在眼里，她是心急如焚。

姚虹责问紫轩为什么不抓紧时间约客人，紫轩理直气壮地说："没问题，时间还早呢！估计下午可以完成。"

听了这番解释，姚虹不容置疑地指示："不管你的计划怎样，要记住时间就是金钱，时间就是客人！你完全可以先全力以赴提前完成你的目标，下午再继续你的计划呀。这样既不影响你的工作，时间也不会被耽搁。"

"对哦，我怎么就没想到呢？"拉拉自己的耳朵，紫轩恍然大悟。

"做事情要三思而后行，不是没想到，是你压根儿就没想。计划是你定的，如果它不合理，你有责任调整它的内容，不能被有毛病的计划绑住自己的手脚。"姚虹又说，"我问你，你的工作区域为何这么乱？在如此糟糕的环境里怎么能服务好顾客，干好工作呢？"

"顾客是来感受我高超的技术的，没什么影响。"紫轩不以为然。

姚虹弯腰拾起脚边的工具，把它整齐地放在架子上："表面上这样的环境不影响你的技术发挥，可是在你找工具时就会耽搁时间，影响效率，"姚虹接着说："而且，混乱的环境会影响你和顾客的心情，使工作压力增大。"

"有这么严重？"紫轩半信半疑。

"马上收拾一下，这只需要十几分钟的时间。"姚虹边说边帮紫轩归置东西。

看到整理后物品井然的工作台，紫轩惊讶得欢呼起来："真的呀，我感觉心情轻松畅快多了，谢谢你，姚虹副总经理。”从此，紫轩修改了工作计划，他干活儿的效率也提高了许多，偶尔还会试着动脑筋分析点事儿。

因为得到真切的指导和帮助，紫轩逢人就夸姚虹有办法有能力。

经管小秘密

①工作计划的制定要切合实际，在执行过程中，及时对它展开分析和调整。

②作为主管，有责任帮助下属检讨工作的细节，进行评估和预测。

绿恩能做好一名保管员吗

自从严格按照工作记录接受姚虹监督后，绿恩的违规行为有所收敛，业绩也得到提高。

但时隔不久，他的懒散的老毛病再次发作。

姚虹思忖再三，决定让他去接替黛蓝代做保管员，这样就缩小了绿恩的工作自由度，既方便监督他，又能让已经熟练掌握产品知识的黛蓝去外创发挥更大作用。

当了保管员，绿恩总觉得自己不受重视，为求心理平衡，他根据个人的喜好，不断地改变仓库中物品的放置地点，把产品等最常用的东西藏在只有自己知道的地方。这样一来，其他同事想要找东西都得请教绿恩而不只是在他那儿登记出库而已。

通过多此一举，绿恩发现自己又是有权势的人物了。

这些小把戏浪费掉大家许多时间，也降低了团体的工作效率。

大伙儿对此都有很大的意见，姚虹提出让绿恩改正错误，却被他粗暴地顶了回去。

于是，姚虹向 Jacky Lu 汇报了绿恩的表现。

Jacky Lu 把绿恩找来，对他说明保管员应该为大家服务，这个职务就是为提高工作效率而设置的，不能任性妄为，同时强调任何员工在任何公开场合必须尊重姚虹的管理，否则后果严重！

然后，Jacky Lu 授意姚虹让老保管员黛蓝协助绿恩对仓库中的产品进行分类，做到摆放整齐有序，位置固定；在经管会上，对事不对人，要求保管员这个岗位必须按照进出库流程和产品交接制度开展工作，随时接受姚虹的定期检查监督。

在姚虹的严格监督下，绿恩的保管员工作开始有了起色。

见到这种情况，Jacky Lu 适时地在店务会议上对绿恩的进步给予表扬。

心理需要得到了满足以后，绿恩在保管员这个新岗位上渐渐称职起来。

经管小秘密

①管理者要对每项工作进行跟踪反馈，从而防患于未然。

②带领员工搞好工作总结，不仅总结失败，更要总结成功，成功的经验更有激励的作用。

爱情这个萝卜怎么吃

庞黄谈恋爱了！而且，貌似和人事部小姑娘已经快到谈婚论嫁的地步啦！

当这个消息传到姚虹耳朵里时，她一时有些恍惚，再加上自己恋爱史相对苍白，所以她赶紧来找 Jacky Lu 商量对策。

“Jacky Lu，庞黄这家伙谈恋爱了您知道吗？”

“哦，你觉得我会知道吗？”Jacky Lu 总是这样睿智而不可捉摸。

“行了，您就别为难我了，谈恋爱的事情我可是搞不懂啊。”姚虹急迫而显得有些无奈。

“好的，咱们言归正传！庞黄谈恋爱的事情，我不仅知道，而且不止知道这一次。”

“啊，这，这也太神奇了吧？”姚虹已经蒙了。

“是这样的，庞黄呢有点小叛逆，关键是能说会道，会讨女孩子欢心，所以他谈恋爱很正常。再说，员工们20来岁的年龄，不正是喜欢异性的青春时节吗？所以，员工们谈恋爱都很正常，谈婚论嫁更正常。”

“话是这样说，”姚虹显得忧心忡忡，“但是谈恋爱难道不会耽误工作吗？接下来结婚生子的，肯定影响员工职业规划和事业稳定啊！”

听了姚虹的话，Jacky Lu显得更加淡定平静：“姚虹，我知道你是为公司好，我也知道咱们这个行业有些公司都是明令禁止员工谈恋爱的，而且一经发现，至少其中一人必须离职。其实，咱们可以换个角度，你说员工谈恋爱为何啊？”

“为何？谈恋爱不是因为喜欢对方吗？不是想和另一个人幸福生活一辈子吗？”姚虹脱口而出！

“啊哈哈，这点你说得太对了！姚虹，你想啊，员工谈恋爱谁不想结婚在一起啊？他们肯定要考虑买房子存钱要孩子过日子啊，发现没有？谈恋爱和结婚其实会逼得一个小青年变得成熟和能担当。所以，我想我们应该鼓励和支持员工正当的负责任地谈恋爱！如果他们的爱情和婚姻都是在我们公司经历和完成的，我们只要合理引导和微调职业规划，小两口一定会特别珍惜这个家庭一样的事业平台！”

听了Jacky Lu这番话，姚虹若有所思：“是啊，终身大事都托付在咱们这里了，员工真的会更加稳定的。”

“另外，夫妻都在公司还有一个好处。”Jacky Lu故意卖了个关子。

“什么好处？快说快说！”姚虹果然着急了。

"这个好处就是两口子会互为思想管家，他们会很积极地互相监督，生怕谁不小心掉队影响前程。因为，这个前程可不是一个人的事儿，而是一损俱损一荣俱荣的夫妻档啊!"

"是的，Jacky Lu，我完全同意！其实只要我们真正对员工好，并且创造条件帮助他们过得更好更幸福，谈恋爱这事情是好事儿!"姚虹开窍了。

当然，为了把好事办好，Jacky Lu 和姚虹也出台了配套人性化举措，比如幸福红娘、领导见证、集体婚礼、大家小家一起抓等，在严格界定工作与生活区别、灵活调整岗位权责的基础上，"爱情"这个词语在公司，已经成为了激励年轻人成长和成功的暖心关键词。

后来，庞黄这一对年轻人幸福地走到了一起，而且小两口真的更加成熟、更加努力了!

后来，不止一对年轻人在这个大家庭幸福地走到了一起……

经管小秘密

①人们在职场打拼，追求事业成功，本职驱动力都是活得更幸福。所以，尊重和支持人们心中向善向美的力量，幸福会更紧密地把大家团结在一起。

②爱情和婚姻也是一座桥梁，连接了两个人、两个家族、一家企业的共同梦想与幸福。

③越是尊重人性，尊重客观规律，团队成员的幸福指数越高，忠诚度就越高，在工作中发挥自己的潜力和能量就越大，进而主动自发推动着企业健康持续地成长，取得企业和个人的共同成功。

Jacky Lu 的企业文化观

每棵小树都渴望成材，每个人都希望为梦想起航。

但是，如果小树不尊重规律，长得太疯狂就可能夭折，古语讲的“揠苗助长”就是这个意思。

人也一样，如果只是靠一时的欲望挣钱，就可能误入歧途，伤人害己。

过去有一句话叫“骤富者，暴毙”，什么意思呢？就是突然之间暴富的人，反而容易突然死掉。

我们看看身边的人，是不是已经有“骤富暴毙”的例子？

为什么暴富的人会突然间死亡呢？

过去人们都是用深厚的思想底蕴和精神底蕴做基础，支持个人才华为社会解决问题而获得财富，实现了义利兼顾，德行圆满，所以有因有果，这个人永远是心理平衡的。现在有的人，由于内心深处没有很大的品德力量，当积累到很多的财富的时候，内心就撑不住了，就没有精神支柱了，就会往自己的私欲上发展。当一个人的私欲发展到一定程度克制不住的时候，金钱就变成了他做事情的扩大器，做好事可以放大，做坏事情更可以放大。

坏事一旦被无限放大，肯定招致恶果，同时会使这个人承受不住的。

有一个维度可以带来改变，就是你必须敬畏文化，必须建立自己的核心价值观！

不管是“平天下”“治国”还是“齐家”，真正的经营管理的内核，一定来自于“修心修身”惠及他人的能力，来自于全员自我修炼、自律成长、互补共赢的内外兼修。

真正拥有了超越自己、完善自己的能力，一个人、一家企业才可以功成名就，长治久安。

一家优秀企业的团队建设原则是激活梦想，从心入手，倡导以身作则，强调做事之前先做人。

一个人要随时随地找到自己的角色位置，并且安守那个位置的特性规范，安位才能安心，才能与周围世界和谐共处。在一个家庭中，做子女的对父母要尽心孝顺，要尊敬服从双亲。即便双亲有不足或意见不合理的地方，也要有智慧有分寸地规劝，这就是子女的本分，这样双亲和子女都会从中受益，家庭才能和谐稳定。

一个人在企业中，作为员工要尽到自己的本分，而尽到本分首先就是要完全认同企业，服从上司的指令，按照上司的指令做事情，上司才能安心，才有可能进行合理的授权，否则上下级之间都会感到混乱和无效。在服从的基础上，如果对上级某个决策有不同意见，作为下属的不能消极抵抗，只能通过组织程序清晰提出自己的想法与建议。而一旦形成决议和制度要求，作为下属必须无条件执行！同样的道理，在对待下属时，管理者要尊重下属的建议，合理规划和支持下属的个人发展，才能换来下属的真心回报，全力以赴地做好工作。

在服从上司和爱护下属的基础上，一家企业就会具备大家庭的情感纽带，就能发挥真正的团队精神，同事之间互相友爱，互相支持，互为正能量的桥梁，企业就会成为一个家一样团结温暖的整体，一个“打仗亲兄弟上阵父子兵”的整体，那就能携手进步，战无不胜了。

优秀的企业管理者致力于解决企业内部一切不幸福、不和谐的问题，努力让员工感受到集体的温暖，强化员工的集体意识，倡导以人为本、至诚至信、自主创新和用爱经营等原则，把员工个人的职业理想、价值追求与企业的发展目标结合起来，产生强大的向心力和凝聚力。

第七章　搭桥第四式——成就员工成大业

Jacky Lu 对“桥梁文化”的思考

在 SHOWMIN 集团，Jacky Lu 多年来坚持把自己内心深处的感恩、善良、利他等品德通过企业文化渗透给伙伴们，让员工首先看清世界和自己，真正通过企业文化熏陶做一个自我负责的“桥梁”。在这个前提下，制度和方法就会从工具层面支持员工自觉主动工作，激发潜能，创造令人惊喜的工作成绩。所以，我们惊喜地看到，好德自律、感恩忠诚、孝顺父母、真爱顾客、回报社会的价值观成为了 SHOWMIN 集团的核心价值观，在此基础上，自然产生一系列向善向美的行为，坚持“以人为本”，贯彻美德训育，强调“义利并举”，能够为企业和社会创造满意的价值，使得员工自律自觉地与企业的价值观和行为规范保持一致。

Jacky Lu 内心深处能感受到，只要信任走到一起的员工，给他荣誉，给他平台，给他机会，帮助他成功，那么伙伴就会信任这家企业，就会把全部的梦想和努力放在这里。

桥梁文化强调信任，强调支持，它孕育形成的是这样的企业：营造一个爱岗敬业、员工快乐工作的家一样的内部环境，员工和老板之间相互尊重和信任，不断强化团队成员之间的合作，最大化地激发团队成员自身的潜能，使自己的知识和技能得到最大限度地增长与发挥，从而促进企业持续、健康地成长。

心灵美好、德行圆满的人会更幸福，这样的人会主动承担更繁重更富有挑战性的工作，会创造出更多工作成果，在工作中会更加高效的沟通交流，会收获做人做事方面的学习成长，会更加全面体现让顾客满意的服务价值，会在平衡和升华之后感受更加稳定持久的幸福，更容易收获健康富足快乐的人生，所有这一切，就是桥梁文化的精髓所在。

随着公司实力的发展壮大和团队建设不断走上新台阶，对于 Jacky Lu 和姚虹来说，管理这门艺术却是与时俱进、随时需要感悟与修正的没有终点的旅程。

对的人、对的岗位才能做出对的事

自从姚虹坐了副总经理，就从来没有享受过节假日，甚至，连谈恋爱的工夫也没有。

这一天，姚虹生病了。

Jacky Lu 很体恤地让她休息几天，并安排黛蓝临时接替姚虹的工作。

上班后，黛蓝在公司里转来转去，却束手无策。

因为不知如何做起，一整天下来，黛蓝累得满头大汗，业绩却收获甚微。

晚上交差时，黛蓝羞愧地对 Jacky Lu 说自己太笨，不会外创沟通，只做了很少业绩。

Jacky Lu 恍然悟出自己的失策，安慰灰心的黛蓝："外创沟通是姚虹的特长，你没有错，错的是我。你已经做了自己能力所及的，工作没有成效是因为我对你作了错误的安排。"

经管小秘密

①对工作中的失误，我要准确辨别是员工做错了事情还是自己在管理上犯了错。

②只有按职位的需求和限制作合适的任命，才能让每个人都发挥专长。

“职务代理人”制度

姚虹的病痊愈了，于是早早来到公司。

这天晨操时，姚虹发现紫轩不知跑到哪儿去了。于是，她问大家有谁知道紫轩的去向。

黛蓝说：“今天很早紫轩他家的一个邻居跑来说紫轩的外公去世了，他妈妈捎话叫紫轩回去参加葬礼。紫轩让我帮他请假，就急急忙忙地回家了。”

姚虹赶紧指派绿恩去接替紫轩的工作，绿恩有些不情愿。

姚虹对他说如果下次他有急事不能干活，也可以让紫轩代替，绿恩这才欣然同意。

姚虹总结了一下这件事，发现如果领导太能干，如果员工再努力也不能超越领导的话，是彼此的悲哀；如果不相信员工，不敢放手让别人去承担工作，那么这个企业的生命力就会受到限制。

所以，有3个字很可怕，那就是“不放心”！

一个优秀的管理者必须有勇气多想：谁能帮我干？

把情况向 Jacky Lu 汇报后，姚虹提出了因这次意外而总结的“职务代理人制度”：

第一，为避免影响到整体的利益，个别员工因故不能履行职责时，要主动协调其他员工临时代替自己的工作。

第二，轮调学习。团队中的员工除了要精通本职工作，还应注意互相学习，轮调到各个岗位，使大家有机会学到新东西，才能胜任“职务代理人”的角色。

补充说明：如果你是一项工作的负责人，在因故无法履行职责时，就要主动找其他人暂代自己的位置，这就是灵活应变的“职务代理人”制度。

Jacky Lu 惊喜地发现，这是个不错的创意，是对公司领头雁模式的最佳补充。他不由得想起一个故事来。

一个人在高山之巅的鹰巢里，抓到了一只幼鹰，他把幼鹰带回家，养在鸡笼里。

这只幼鹰和鸡一起啄食、嬉闹和休息，它以为自己是一只鸡。

这只鹰渐渐长大，羽翼丰满了，主人想把它训练成猎鹰。可是，由于终日和鸡混在一起，这只鹰已经变得和鸡完全一样，根本没有飞翔的愿望了。

主人试了各种办法，都毫无效果。

最后，主人把它带到山顶上，一把将它扔了出去。

这只鹰像块石头似的，直掉下去，慌乱之中它只有拼命地扑打翅膀，挣扎活命。

就这样，它终于飞了起来！

“看来，身临其境是一种真实成长的土壤，磨炼催生成功的力量。”Jacky Lu 想。

勤奋“老母鸡”的烦恼

有一次 Jacky Lu 问：“姚虹，我帮你介绍一个男朋友吧？”

姚虹说："个人事小，公司事大。我每天是三愁三忙啊，愁业绩、愁销售、愁发展，忙业务、忙团队、忙事务。这三愁三忙又衍生出无数的愁和忙来，让我心力交瘁呀！我想，等我打造出一个有业务能力、能够独当一面的人才团体，不说如虎添翼，也应该分担一些愁和忙时吧？"

Jacky Lu 有些心疼地说："我们都知道你很辛苦，每天像个'救火队长'东奔西跑，哪儿都少不了你。但如果有一位独当一面的助理替你分忧，让你腾出一些时间去做研究和计划，也许更有利于公司的发展。"

"是啊，"姚虹感慨地说，"我经常感到自己力不从心，顾此失彼，没办法应付越来越多的事情。这几天我就想啊，如果能找到合适的人才，我也应该放松一下啦！"

Jacky Lu 问："你知道问题出在哪儿吗？大伙儿对你有个意见，说你能知人，但是不能善任。总是这样事必躬亲，自己辛苦不说，员工们未必领情啊！"

姚虹说："我整天像只老母鸡似的，每天起早贪黑，废寝忘食，事无巨细都要操心，他们乐得清闲，为什么不领情呢？"

Jacky Lu 说："没错，公司能够发展到今天，全靠你这只老母鸡，几乎全体员工都在对你感恩戴德。可是，不知道你有没有察觉，你在不停地讨好员工，你希望通过讨好员工来获得他们的赞誉和支持。是这样吗？"

姚虹想了想，说："好像是这样。"

Jacky Lu 说："你的这种刻意，恰恰说明公司的管理并不完善。于是，一方面你老是害怕别人干不好，只好自己亲力亲为；另一方面，员工们得不到职业能力上的成长，你说他们心里能痛快吗？"

姚虹问："那么，我该怎么做呢？"

Jacky Lu 说："我听说李艺给了你 10 种萝卜，可是你还少一种。"

姚虹奇怪地问："难道还有第十一种萝卜不成？"

Jacky Lu 说："这第十一种萝卜叫做授权，只有合理授权才能让公司真正建立起领头雁机制。无论黛蓝还是张蓝李蓝，不管多优秀的人才，如果没有授权，多优秀的人才也只能发挥有限的战斗力，累死累活的还是你一个人。”

经管小秘密

①我们的集体应该向大雁学习。雁群总是以它特有的形状飞翔，每只大雁轮流担任领头雁。每只大雁都对雁群的飞行负有责任，一旦需要，就在领导者、跟随者与侦察兵的角色中轮换。

②要在SHOWMIN建立领头雁型的企业模式，让所有员工都把自己当成各自工作的领头雁。这样，我们的团队员工才能是负责任的、相互支持的。

③领头雁机制的建立，首先要正确授权，把领导者从大量的事务性工作中解脱出来。

你为什么能成为弱势大赢家

姚虹问：“什么是授权？为什么要授权呢？”

Jacky Lu说：“所谓授权，就是通过别人来完成工作的一种管理方法。为什么要授权呢？因为一个人无论多么‘英雄’，就算是三头六臂吧，也只是一个人。有些人浑身洋溢着一种浓厚的个人英雄主义色彩，可他竟然败在一些各方面都不如自己的人手里。所以，业务高手与管理者是两种不同的角色，作为一个卓越的管理者，必须让整个团队强大起来。”

姚虹恍然大悟，点头说：“想来这就是很多人为什么每战必败，但却能愈挫愈强的奥妙了，原来全在‘将将’二字！”

Jacky Lu说：“‘将将’二字，就是知人善任的意思。知人是善任的前提，善任是知人的目的。你作为他们的头儿，不仅要有知人之明，还得有善任之能呀。而所谓善任，其实就是授权的艺术。作为领导者，你要有智慧做个懒领导，让每一个优秀的伙伴斗志昂扬，全力以赴奋斗去创造成绩，去成为老板!"

实现有效授权的九大障碍

姚虹问："Jacky Lu，我明白了。不过，授权好像很难吧?"

Jacky Lu 说："应该说，实现有效授权的最大障碍仍然在管理者自身。要克服这些障碍，的确有些难度。"

姚虹说："我懂你的意思。你说吧，为了实现有效授权，我应该怎样去克服这些障碍?"

Jacky Lu 从抽屉里抽出一本便笺，说："归纳一下，大约有九大障碍。我列在纸上，好让你看得明白一些。"

1. 不信任员工

作为一位管理者，很多时候你会装出一副很信任部属的样子。然而，很多事实证明你放心不下。

在具体的工作中，你没法不去过问你的部属是如何开展工作的，甚至把一些关键的环节留给自己亲自操作。你在自己的心里打了个很大的问号，你的部属会像你一样尽职尽责吗?

也许，你的担心是有原因的：有些员工的工作绩效总是不能做得像你预期的那样好。然而，一味地批评抱怨又有什么用呢？如果你怀疑员工的人品，你应该问问自己，是不是因为你没有通过信任来激励他们；如果你怀疑员工的工作能力，你也应该问问自己，有没有对他们进行必要的培训或给他们锻炼的机会?

总而言之，你应该反复寻找失利的原因，然后和大家一起探索提升业绩的办法。

事实就是这样简单，通过你的信任、鼓励和培养，你的部属终将会成长为一个真正值得你信赖的人。

2. 害怕失去对任务的控制

很多管理者之所以对授权特别敏感，是因为害怕失去对任务的控制。一旦失控，后果很可能就无法预料了。问题是：难道你非得把任务控制在自己手中吗？可不可以通过合适的手段避免任务失控呢？

只要你能够保持沟通与协调的顺畅，采用类似关键会议制度、书面汇报制度、管理者述职等手段，强化信息流通的效率与效果，任务在完成的过程中，失控的可能性其实是很小的。同时，在安排任务的时候，你应该尽可能地把问题、目标、资源等，向部属交代清楚，也有助于避免任务失控。

另外，管理者和员工也很容易在解决问题的方法上产生分歧。由于你相信自己的经验，你甚至会强迫部属执行你的意见，致使部属不愿意对任务负责。其实条条大路通罗马，问题的关键不是方法，而是结果。一些具体的处理细节，你完全可以授权给自己的部属来全权处理。也许，在此过程中，你的下属能够创造出比你的经验更科学、更出色的解决办法呢！

3. 过高强调自己在企业中的重要性

由于你很能干，在很多时候你会产生“什么事情离了我不行”的错觉。

是的，也许你能够成功地完成许多任务，但你得像孙悟空一样分身有术才行。

其实，你的下属就是你手里拥有的最大的财富，他们帮你把产品卖掉，帮你和经销商讨价还价，帮你与消费者做沟通……在具体的业务内容和常规工作程序方面，他们中的一些人甚至具有比你还要丰富的经验，这么好的资源，你为什么不去好好利用呢？

即使看在钱的份儿上，你也该让他们的能力得到更充分的发挥啊。

4. 以为自己可以做得比别人好

有些管理者宁可自己做得那么辛苦，也不愿意把工作内容给部下。

为什么呢？他们认为，教会部下怎么做，得花上好几个小时；自己做的话，不到半小时就做好，有那个闲工夫教他们，还不如自己完成更爽快些。

问题是：难道你就这样一直把所有的事情都自己做吗？尽管现在你自己亲自动手可以做得比别人好，但是你如果能够教会你的员工，你会发现，其实别人也可以做得和你一样好，甚至更好。

也许今天你要耽误几个小时来教他们干活，但以后他们会为你节省几十几百个小时，让你有空做更多的更深入的思考，以促成你在事业上的更大发展。

5. 害怕削弱自己在企业中的地位

许多管理者非常害怕一件事情：如果把自己的权力授予别人的话，会不会因此影响自己对于企业的重要性，从而削弱自己在企业中的地位呢？

答案显然是否定的。

如果你能够让你的部下能够更加积极主动地处理问题，你就能充分发挥团队的力量，将任务完成得更多、更快、更好，从而使自己的地位有机会得到进一步的巩固或提升。

通过授权，你将得到一个更有效率的工作团队，并且能够把精力集中在那些值得你全心投入的事情上。

6. 喜欢与部下争功

作为一名管理者，你在很多时候需要扮演“幕后支持者和策划者”的角色，你将很少有机会像从前一样，站在前台接受观众的欢呼。所以，黛蓝可以“过五关斩六将”，紫轩可以“吼断霸王桥”，而你只能独自忍受幕后的寂寞。可是你想过没有，正是因为你能够忍受寂寞，黛蓝、紫轩才有勇冠千军的英雄壮举。

曾经有一位业务员，非常能干，推销能力很强，曾经在公司连续四年被评为“金牌销售员”。

后来，他当了区域销售经理，走上了管理岗位。因为不善于授权，很快，他与部属之间的冲突也随之而起，为了蝉联“金牌销售员”的荣誉称号，他不仅无法积极地向部属提供帮助，反而抢他们的单。

于是，他的员工们只好纷纷离开了他，另寻出路。

喜欢与部下争功的管理者，等待他的将是众叛亲离的悲惨结局。

7. 认为授权会降低灵活性

对于一件事而言，事必躬亲确实有利于掌握处理问题的灵活性。

可是，对于日理万机的总经理而言，毕竟不可能在同一时间做好几件事情。

如果强迫自己面面俱到，就很有些勉为其难了。

然而，通过授权把具体的工作分派出去，让自己从一个更高的层面来统帅全局，思路往往会更加灵活。同时，也有更多的时间和精力来处理那些棘手的问题和突发性的事件。

8. 害怕影响员工的正常工作

也许你会认为，员工们连现有的工作都做不好，怎么可能承担更大的责任呢？

乍一听起来，你似乎是位体恤下情的好领导，但不会有人感激你。

俗话说：强将手下无弱兵。如果你的员工工作能力不足，问题很可能就出在你的身上。

在自然界，老鹰会把自己的孩子逼向悬崖，以迫使胆怯的雏鹰学会飞行。

你也应该问问自己，是不是由于你的这种体恤，让公司养了一群永远也张不开翅膀的雏鹰？

很多优秀员工的流失不是因为缺少体恤，而是因为没有足够的施展才能的机会。

他们不希望自己变成对工作满不在乎的懒人，他们和你一样，渴望接受挑战，面对挑战，战胜挑战，获得成功。

但是，如果你不授权的话，他们怎么有机会实现理想呢？

9. 他们不了解公司的发展规划

他们为什么不了解公司的发展规划呢？

因为你没有告诉他们，更谈不上去赢得他们的深刻认同。

有一些管理者，出于某种可笑的目的，故意把信息管理搞得神神秘秘，以致无法在公司内实现正常的信息传递与分享，甚至连一些重要的信息都不告诉自己的员工。

也许，他会觉得，只有这样才能树立管理者的权威，牵着员工们的鼻子走。

事实上，这些信息对于员工们顺利展开工作十分重要，所以，他的目的往往能够得逞。但是，如果你的员工无法分享公司的发展规划，他们怎么会关心公司的未来呢？

公司的发展远景有赖于所有人的努力，特别是那些在其工作领域内堪称专家的员工，更是能为公司实现远景目标铺就道路。你怎么能够把他们和公司的远景规划分开呢？

最后，Jacky Lu 习惯性地来了一段总结陈词，说："面对市场竞争的日益激烈，面对公司规模的日益壮大，面对管理活动的日益纷繁复杂，你一定要学会授权。只有那样，你才能避免琐事缠身，并且可以通过创建一支高绩效的团队，及时有效地完成公司的生产经营任务。"

姚虹说："听君一席话，胜读十年书。我知道我该怎么做了。"

授权激活人才孵化系统

姚虹在 Jacky Lu 的指导下，不但对合理授权运用地日益纯熟，而且在此基础上，深度总结了公司员工成长、成功的规律，创造性地提出"新人种树计划"和"老将造林计划"。

新人种树计划

说明：该计划以家庭亲情和学校训练特色为主，公司营造家庭式的亲情气氛和学校的严肃环境，必须要有长辈的关心和老师的教导，只有在这样的条件下，新人才能迅速成长。

①选才：能力，业务专长突出；认同价值观；感情交流，加深家庭亲情；成长曲线，从基层做起；成长时间，坚持和积累就是胜利。

②树立信任，建立成功信心：从公司发展介绍；从新人自身素质分析；从直接领导的能力分析。

③小树成才，做好业务传、帮、带：能坚持一周从早到晚站在业务现场，不脱岗，不乱跑，过吃苦关；主动找点事做，融入现场团队，找到自己角色，过认同关；细致观察，自己研究，不乱问，认清个人专长，过压力关；着手解决问题，节奏快，有效果，过基层业务关；重复上述环节，

养成心理和行为习惯，过业务提高关；现场充当下属角色，帮她完成任务，建立自豪感，过教练关；工作小组成员，随时随地业务抽检，过样板复制关。

④修剪提高阶段：培训部和人力资源部联合测评，缺什么，补什么；进行业务专长嫁接，职业生涯规划和公司发展统一。

老将造林计划

说明：当小树苗基本长大成才后，新员工有了高度认同感和独立工作的能力，就可以让他进入市场一线独立工作，直至支持他创业当老板。这个过程需要经历下述几个阶段。

1. 解放人才：当人才成长到一定阶段时，现有的舞台已不能满足他的创业欲望和才能，否则会出现内讧，产生人事矛盾。因此，公司要审时度势，迅速通过升职、换岗、业务承包、支持开店等方式将他解放出来，帮助他站上更广阔的事业舞台，使其爆发出长期积聚的能量。

2. 授权与激励：帮助人才成长与创业，比抓任何业务见效都快。

3. 核心领导与培训部要加强对提拔人才的持续业务分配与指导。

4. 真正把人才当人才，提供物质、资金、资源等所需帮助。

5. 加强管理工作：制定合理的激励机制和薪酬制度，使员工劳有所得；建立完善培育制度，让员工有发展学习的机会；在日常工作中关心下属，建立融洽有人情味的工作环境；让员工有机会参与经营管理直至成为公司股东，培养其主人翁精神。

经管小秘密

①员工的成长需要循序渐进。从公司管理团队的角度，只要通过考核评估，对员工的做人品德和业务专业认可度过关，就可以大胆授权，鼓励跨越式发展。

②一个高效率的员工管理计划的实施，能让企业避开硬件即产品同质化与经济实力上的直接竞争，而应用软性的文化包装和梦想同频，超强地执行企业的市场行为，更能有效地让企业形象产生差异化，事半功倍地创造和加强顾客凝聚力度。

随着经管小秘密逐渐增多，Jacky Lu 和姚虹积累了更多的管理经验，尤其是通过合理授权，管理层的默契努力使全体员工统一了对公司事业平台的认识，大家各尽其能，各显身手，整体协作和单兵作战能力在彼此磨合的过程中不断发展，团队的工作业绩也有了巨大提高。

在此基础上，为了有效提高服务品质，赢得广大消费者的美誉度和忠诚度，姚虹与策划部密切配合策划了换位心理体验活动、顾客服务星级竞赛、微笑天使评选、情感沟通培训以及一系列的活动，增进了员工间的互相了解，在内部形成了良好的团队合作支持氛围和互助友爱的人际关系，培养出了一批爱岗敬业、具备一定专业知识技能的一线人才，有效地提升了服务品质，赢得了大量的回头客和转介绍的新顾客。

居安思危，在变局中增强生命力

正当准备过安康日子时，SHOWMIN 集团的周围却发生了惊人的巨变。

先是从别的地方来的企业开了一些大型的店面，就在公司店面附近，竞争来势汹汹。

副总姚虹策划了几次对外营销活动，虽然投入很大，可是效果早已经不如当年。

另外，因为同行开的店多了，竞争自然变得激烈，自然进店的顾客数量越来越少。

眼见营业额逐日递减，Jacky Lu 和姚虹心中焦急万分，赶紧开始采取补救措施：一边派姚虹领着黑仔、紫轩和绿恩，大量去外创客人；一边由Jacky Lu 亲率黛蓝和绿恩，到店四周各大单位去创客。

工作越来越辛苦，收获虽然稍有起色，但远远不能与从前的兴旺时期相提并论。

SHOWMIN 公司在苦苦支撑着，可是祸不单行，由于政府计划将SHOWMIN 公司门前道路扩宽，施工导致客人难以来去自如，生意随时面临搁浅的危险。

摆脱这种窘迫现实已成为当务之急，Jacky Lu 与姚虹商议后决定召开会议，讨论应对之策。

Jacky Lu 先把具体困难指出来：“政府计划将 SHOWMIN 公司门前扩宽，交通路线被切断；虽然店面扩大装修了，顾客资源却是有减无增；各项开支越来越大，不少员工不能全力以赴施展才能。”

Jacky Lu 面露难色，继续说：“这些迫在眉睫的难题要求我们必须有所改变，适应、调整还是作其他打算？今天开会就是请大家集思广益，找到突破困境的办法，各位都说说自己的意见。”

“我认为，眼下唯一的选择就是暂时关店，寻找其他地点再开分店。只有这样，才能走出困境。”姚虹首先发言。

作为副总经理，姚虹的话引起了轩然大波。

黛蓝对姚虹的提议表示支持，而绿恩和紫轩却无法接受，他们与姚虹和黛蓝展开了辩论。

“我们的老客人怎么办?”绿恩有些激动，“问题只是暂时的，再开分店的话，又麻烦又劳累。如果真能找到更好的新地方，那还值得，假如找不到呢? 岂不是白白挨累嘛，我的看法是一动不如一静。”

紫轩连连点头，接着绿恩的话茬儿说：“我赞同绿恩，这家店好不容易才装修好，要说波折，也经历了许多。虽说不比从前，但现在的日子也称得上是快快乐乐吧？别轻易搬来搬去，我真搞不懂，姚虹怎么突然成了急性子，再等等看，事情没准儿会变好的。”

“我们必须应付遇到的困境。”姚虹很冷静地反驳，“既然已经存在众多的竞争和垄断，再不积极寻找其他生存空间的话，就只能坐以待毙了。目前的障碍都是些无法改变的客观情况，它们是不会自动消失的。大家也看到了，我们对政府计划是无能为力，现在客人已经不方便来店里了。你们的心情我都理解，毕竟，大伙儿对这儿的一切感情很深。但我还是坚持忍痛割爱，暂时放弃这里。”

“是呀，”黛蓝说，“大胆改变才能创造新的机会，不要只把事情朝坏的方面想。目前的局面，咱们只能不断地去尝试创新，又不是不干事业了，只是换地方换打法嘛！我们从前都是凭借这股劲头儿走过来的，今后也一定能靠它找到解决问题的办法！”

黑仔和绿恩永远是狡猾的中间派，心里面打的只是个人的如意算盘，他们想听听 Jacky Lu 的想法是什么后再决定怎么说话。

注意到黑仔和绿恩的沉默，Jacky Lu 说：“黑仔，还有绿恩，有什么想法？你们也谈谈。”

黑仔说起了漂亮话：“有英明的 Jacky Lu 在这里决策，大家就不用瞎操心了，我是绝对拥护 Jacky Lu 的决定，Jacky Lu 让我干什么，我就干什么。”

绿恩正琢磨着自己的得失，听到 Jacky Lu 让他发言，自然是随声附和：“黑仔说得对，我没什么意见。”

见讨论不出结果，Jacky Lu 说：“今天就到这儿，希望大家会后认真地想一想，我也仔细考虑一下你们的建议。”

姚虹和 Jacky Lu 沟通后坚持认为，与其靠天吃饭，不如未雨绸缪，必须把能做的事情先做了，免得以后措手不及。她和黛蓝结伴儿更加努力地工作，每天早早起来，到外面去创客，经常走十几里路，到更远的地方让更多的客人知道 SHOWMIN。辛勤付出终于有了回报，慢慢的，开始有了新的客人。同时，在 Jacky Lu 的战略把控下，公司重新选址，开了漂亮的新店，这样相互配合，把当初的困难倒演变成了好事。

更加可喜的是，姚虹和黛蓝还带头学习了最流行、时尚的造型技术，并增加新的特色项目，SHOWMIN 公司在无锡市场始终独领风骚，甚至市场份额又增加了很多。

Jacky Lu 被姚虹和黛蓝的行为深深触动，并在会议上高度赞扬了这两位积极肯干的员工。

经管小秘密

①作为企业的一员，有责任预见变故，随时作好踏上新航程的准备。

②要追踪变故，时刻考察生存环境。

③要权衡利弊，尽快因势利导。

④越早放弃旧的，才会及时找到新的。

来去都是缘，一切向前看

因为伙食标准的下调，绿恩和紫轩对生活开始不满意了，但也没有表示反对。

接着发生了一件意外的丑事：绿恩突然离职了，而且把店里的一些产品偷走了。

原来，绿恩对 Jacky Lu 没把他升为副总一直心怀不满，再加上常常被批评不认真工作，这家伙早就与另外一家同行店偷偷建立了联系，这回顺手牵羊把产品当作给同行店老板的见面礼，还因此在那家店里谋得了副总管的职位。

绿恩的行径遭到了大家的一致唾弃，并喊着要报警。

Jacky Lu 和姚虹商量以后，觉得绿恩还年轻，不想毁了他的前程，所以决定放弃对绿恩的追究。

姚虹出面约绿恩吃了一顿饭，因为毕竟低头不见抬头见。绿恩心虚理亏，在吃饭之前把产品折价的钱通过黛蓝还给了公司财务，这样一来，饭局也就变得一团和气了。

第二天的例会上，姚虹讲道："没有人能随随便便成功，任何人做任何事都要承担后果！任何一家企业在市场竞争中必须面对优胜劣汰，一个团队也会有人来有人走，但是我们倡导有底线、有道德的积极竞争，就算必须分个输赢也是一家人，不必非要打得头破血流，争个你死我活。我们一定要记住：竞争是为了更优秀，而不是更差劲！"

没有人再去提绿恩，共同的目标和危机感使这个集体一下子变得空前团结。由于有了良好的互动沟通，员工们对管理层的信任与敬重并没有因为生活条件变差而减少，这仍然是一支士气高昂，富有凝聚力的团队，为迎接即将到来的新的目标，大家积极地完成了必需的训练和准备。

如果是大树，就请咬定青山不放松——写给老员工

有一些员工，特别是已经工作了很长时间的老员工，往往会进入职场瓶颈期，慢慢丧失了奋斗的激情，开始变得抱怨、麻木和懒散，甚至滋生下一份工作会更好的心态，一旦遭遇挫折，很容易产生另谋高就的想法。于是，他们视跳槽为最好的解脱办法。

但是与此伴随而来的，是新公司、新工作还有许多让他们感觉不满的地方，最让他们感觉失望的是，老板和上司并没有把他们当成重要的人才来对待。当在新公司遇到挫折后，跳槽的念头便又重新浮现出来，于是一来二去，本来是参天大树的材料，却生生被自己的浮躁耽误了大好前程。

这种频繁跳槽现象的产生，主要有以下几个原因。

一是意气用事，感情冲动。错误地估计了就业形势和就业环境，在未

弄清楚自己适合干什么工作之前就一走了之。

二是急于求成，见异思迁，总认为新的要比旧的好。

三是斤斤计较，金钱至上。心里想的、口中说的都是金钱和待遇，总是就此与老板讨价还价。难拒引诱，不顾道德。有的员工受到利益的引诱，或为了报复原单位对自己的轻视，试图带走原单位的商业秘密，以为如此可以得到更多的金钱利益。

事实上，很多老员工都知道，无论出于何种原因，跳槽都不是一个解决问题的好办法，而是万不得已之时才会做出的举动。然而，如今越来越多的年轻人把这个不应该轻易使用的方法，随随便便就拿出来用了。

轻易出走并不能解决问题，草率跳槽不是面对现实的好办法。

很多问题需要沟通，需要协商解决，关键是员工必须主动。

员工必须把自己的想法及时告诉给上司和老板，以免因沟通不畅而造成误解。

如果我们工作兢兢业业，甚至重付出、轻回报，那么不用我们说，老板也会给我们提高待遇，给我们相应回报，因为老板不是瞎子，更不是傻子。

“选择你所爱的，爱你所选择的”应是我们工作的原则。

既然选择了一家公司，我们就应该为做好工作而努力，而不能总计较自己的付出是否与收入对等。

要知道，被员工们认为是最差劲的公司也有很多有利于员工成长的东西，而大家公认最好的公司或最成功的企业也有其不足之处。世界上没有完美的企业，只有不断追求完美的企业。

跳槽到一个新环境，我们需要付出得更多。离开一个熟悉的环境，融入新环境是需要付出很多心血和时间的。

有一句谚语说得好：“常挪的树长不大。”而“下一份工作会更好”在很多情况下，只是美好的愿望而已。

频繁地跳槽直接受到损害的是公司和老板，但从更深层次来看，对员工自己伤害更深。因为跳槽者个人资源的积累和自身能力的培养都必然大打折扣。

从职业角度看，一个人一生中难免要调换几份工作，但做出转换前，必须考虑到这种转换是在整个人生规划的范围内做出的调整，而不是盲目的跳槽。可能新工作会使工资待遇有所提升，但若跳槽的出发点不是“为了个人能力和价值的提高”，而只是为了多一些金钱上的收入，那便是得不偿失了。

更重要的是，一个频繁跳槽的人，在经历了多次跳槽后，会不自觉地养成一种习惯：当工作不顺时想跳槽，人际关系紧张时想跳槽，想多挣几个钱时想跳槽，甚至没有任何理由也想跳槽，似乎一切问题都可以用跳槽来解决。这些人却不想一想，如果换工作可以解决问题，为什么换了那么多还不行呢?

这种做法其实是一种逃避，他们缺乏克服困难的勇气和决心。

在遇到障碍时，我们首先应该想到的是挺身而出，想尽办法来克服困难，而不是通过跳槽来逃避。

请定制自己的“金饭碗”

很多人都怕自己不够优秀，怕自己失业，其实大家不知道什么叫“金饭碗”。

所谓金饭碗，其实是好学精神，是专业实力，是职场口碑，它就在你不可替代的专业价值里面。只要在你的工作岗位和专业技能方面，你成为专家了，成为这个企业和客户离不开的人，你就永远都不会失业。

我们发现，很多人一下班就赶紧跑了，就知道打麻将、看电视、聊天，大量的时间做了与工作无关、对成长无益的事情，这样下去，浪费的时间和机遇就太多了，想成功可就不容易了。

一个真正的成功者，把他的大部分的时间用在有益和应该做的事情上；而一个失败者，是把大部分的时间用在无聊和无益的事情上。当我们谈到时间管理的时候，是说你一天把所作所为记录下来，最后看一下真正用在你想做的事情上的时间是多少？

当感到自己怀才不遇时，出现职场危机时，正确的态度永远是：立足于现实，调整好心态，将自己的工作做得更好，甚至最好。只要我们在工作岗位上永远保持激情，永远勇挑重担主动付出，只要我们永远能够创造不可替代的价值，我们就永远是自己的“金饭碗”！

第八章　搭桥第五式——自利利他爱赢天下

Jacky Lu 的内心独白——要照耀，而不是炫耀

虽然已经拥有事业的成功和无数人的追随，但是如何让自己做一座更有价值的桥梁，如何才能帮助更多人实现自己的梦想呢？

就这么反复思考下，我察觉到若是自己停止进步，就妄想帮助别人，是不现实的；若是自己没有内在的力量和现实的力量，即便有愿景要影响和帮助更多人，也只是美好的幻觉而已。所以，永远像太阳一样为梦想燃烧，永远把光芒照耀给这个需要帮助的世界，才能让自己的生命最大限度地体现价值！

我明白要想给他人一杯水，自己必须要有一桶水。于是，我不知疲倦地寻访那些优秀的成功人士，向他们学习做人做事的智慧。这些成功人士各自在自己的事业中取得了巨大的成功，同时周身散发着神奇的魅力，就像一座座发光的正能量的桥梁，能在极短的时间内激活梦想，让身边的人迅速发生改变！

这些人的光芒无与伦比，激励着我不断学习，靠近，感觉自己就像块饥渴的海绵一样，竭尽全力地吸收他们的那些神奇魔力，并立即运用到现实生活之中。

一个能成就大事的人，一定是一个阳光自强、心胸开阔、乐于助人的桥梁一样的人。

一个企业家永远不可沉湎于过去或现有的成功，必须不断地扬弃过去，超越自我，展望未来，建立新的企业价值观和企业文化。只有坚持创新，不断改造自己，始终追求卓越，才是企业文化创新和事业发展的力量源泉——最终的竞争优势在于一个企业的学习能力以及将其迅速转化为行动的能力。

同样的道理，一个真正有生命力的企业，一个百年品牌，一定是一个拥有优秀企业文化、为员工和广大顾客谋福利、为天下幸福而贡献价值的有爱的企业系统！

桥梁是一种思维

随着第一家店面业务迅速发展，公司开始进入了连锁发展时期。

在这个重要的转折提升阶段，虽然有姚虹等几个骨干分担大量的工作，但是Jacky Lu作为老板，还是马不停蹄地奔忙，他当然不想错过这难得的事业飞跃的机遇。

长期过度操劳使得Jacky Lu的眼睛不舒服，后来实在熬不住只能住院修养了几天。在这几天忙中偷闲的间隙，Jacky Lu意识到一个很重要的事情：自己就算累死了又能做多大事？一个想成就大事的老板需要无数桥梁主动涌现，而企业内的搭桥规则是鼓励更多桥梁出现的机制基础。没有不断壮大的桥梁就没有牢不可破的团队后备力量，就不可能会把事业做到无限大！

一个人的成功不是靠自己，而是靠很多人；自己的优秀和付出，是为了赢得人心，为了成就更多人！

想明白这个道理，面对行业内多数老板对员工严防死守就怕跳槽单干的普遍情况，Jacky Lu 非常大胆地喊出自己的口号：“如果两年后你还在这里打工，没有成为老板，我会小看你的！”

在此基础上，Jacky Lu 和姚虹等人系统设计出员工职业生涯规划、内部合伙人等一系列鼓励员工主动竞聘大胆做老板的制度，并坚定提出一个理念：创建一个帮助员工成为老板的企业！

公司里只有老板是为了员工，员工必须是为了自己！

每个人都是一座桥梁，“小鬼”拆桥，大将搭桥。

每家企业也是一座桥梁，庸者堕落，贤者通达。

在一家有爱有担当的企业里，永远只有一种声音：就是自利利他的正能量的声音！

什么是企业的桥梁精神——就是把上下级、员工与员工、员工与顾客之间的关系构建得更加和谐的力量。

桥梁就是每个人都专业敬业，真诚待人，好好做事！

桥梁就是生活工作的美好情怀和善良坚强，就是照耀生命和世界的神奇力量！

满足各方需求，成人之美，大爱奉献，这家企业才能大获成功！

作为管理者，必须把员工当成一切经营活动的中心，而不是当成简单的没有思维和感情的赚钱工具。正如台湾著名作家龙应台指出的：人本是散落的珠子，随地乱滚，文化就是那根柔弱而强韧的细丝，将珠子串起来成为社会。有生命力的桥梁文化倡导平等对待员工，平衡相关者的利益，提倡团队精神，并鼓励创新与承担社会责任。

对于 Jacky Lu 来说，借助公司的平台，帮助员工成为老板，帮助学生成为合伙人，帮助顾客成为美好的人，已经是生命中不可替代的使命与光荣！

Jacky Lu 这时想到生活中一件有趣的事：一把坚实的大锁挂在铁门上，一根铁杆费了九牛二虎之力，还是无法将它撬开。钥匙来了，它瘦小的身子钻进锁孔，只轻轻一转，那大锁就“啪”的一声打开了。铁杆奇怪地问：“为什么我费了那么大力气也打不开，而你却轻而易举地就把它打开了呢?”钥匙说：“因为我最了解他的心。”

Jacky Lu 的心智又进了一步：真心真爱才是事业成功的金钥匙!

美妆学校到底该赚谁的钱

2012 年，Jacky Lu 的 SHOWMIN 集团已经拥有 17 家美妆直营连锁机构，在当地已经成为行业领军品牌，市场竞争优势很大。即便是在这样高歌猛进的事业上升期，Jacky Lu 依然清醒地审视着企业和市场环境。

他发现，美妆市场连锁店模式的竞争已经非常激烈，早已经成为一片商业“红海”，经营利润明显出现下滑！不论是加盟还是直营，连锁企业系统实际上都是人才的竞争。所以，未来关于美妆人才的培养应该是一片“蓝海”。

经过慎重调研和分析，Jacky Lu 开始投资学校。但在当时，中国美妆学校的日子实际上并不好过，招生难不赚钱让不少学校关门转行。难道是培训学校本身没有商业未来？Jacky Lu 深入研究之后，得出一个惊人观点：美妆学校之前死盯学生“腰包”的生存模式是错的！学校是做什么的？学校要帮学生赚钱成功，而不是赚学生的钱!

这个观点绝对具有颠覆性，是中国美妆学校历史性的转折升级!

Jacky Lu 认为，学校赚什么钱是战略定位问题，只有与学员共创荣誉、分享价值和彼此成就才符合人性与商业发展规律。因此，Jacky Lu 办学校，首先在战略上把学生定位成合作伙伴，把学校的使命定位在帮助每一个学生成长和成功，帮助有梦想的年轻人自强成长，在此基础上，学校整合跨界资源，搭建平台帮助学生成功创业!

学校是在做人的事情，最值钱的“产品”就是人。

只有技术好口才好心态好的学生，才会在市场竞争中快速成功！

把握了人才的质量，就把握了未来！这个理念清晰了，事情就好办了。

为了实现从“赚学生的钱，转到帮学生赚钱”，Jacky Lu 提出一个响亮的口号：让世界上每一个美妆师都成为百货集团的总裁！在这里，不仅仅教学生技术，更帮学生完成性格的改变和完善，从销售、智慧说服、人际沟通、心态管理、适应力等各方面来提升学生的综合素质。同时，引导学生在校期间直面市场和消费者，走出去为客人美妆造型，通过技术服务和产品销售，帮助学生去赚市场的钱。在此基础上，再通过“中国美妆合伙人”这一年轻人的创业系统平台——大量吸纳优秀学生、美容院、化妆店、服装店和彩妆品牌，把优秀的毕业生推荐到各个地区、领域去创业开店，合伙开学校，不断被市场推动，成就无数人的创业和成功梦想。

如今，SHOWMIN 集团在教育培训领域已经多维度跨界发展，与全球最大的中文搜索引擎、最大的中文网站——百度建立的百度营销大学，创建成立了“百度营销大学授权企业培训中心”；与亚洲最大网络零售平台——淘宝网创办的淘宝大学强强合作，创建成立了“淘商电子商务学院”；引进了来自香港的国际知名文化艺术品牌——中艺兄弟文化产业集团，与其联合创建成立了“中艺兄弟舞蹈培训学校”及“中国星网模学院”，并在全国发起 100 多个城市的“中国星网模大赛”，还与当地政府成立“中国无锡网商园”，并投资成立了 LID 形象美妆连锁集团、商网络科技集团、智者天下企业管理集团、淘点赞 O2O（指线下商务与互联网结合）电商平台、美盟生物科技集团、坚果品牌策划、聚赢家电商托管、欧华姿国际贸易集团等涉及美妆研发、服装、餐饮、美容会所、形象美妆连锁、房产、旅游、信息产业等方面的投资，并长年赞助中国国际形象节、亚洲美妆师节、世界美业大会等系列活动，及校企联盟、形象中国网等事业平台既独立运营，又互补互动，搭建了国际化、系统化、品牌化的立体事业集群，为推动中国美妆文化发展，提升美妆教育培训水平，帮助青年人学习成长与创业成功谋划了壮丽诗篇！

用大格局、大情怀拥抱互联网时代

2014 年下半年开始，SHOWMIN 集团几个连锁店店面经理反应有员工思想波动，好像是受到微商不小的影响。

其实，姚虹也早已注意到这个问题。不过她觉得毕竟 SHOWMIN 集团架构庞大，而且也涉足了电商领域，就没有太当回事。

这天上午，刚开完例行会议，黛蓝就急急忙忙地把姚虹拉到一边："姚总，我看咱们连锁店里员工情绪不稳啊！昨天又有经理反应有一家新起来的上门服务的美妆企业来挖人，给的底薪啊提成的特别高，员工有点坐不住了。"

"是吗？咱们店里有人辞职出去吗？"姚虹也意识到问题必须要重视了。

"目前只是一两个人走了，但是有人议论说出去以后如何轻松体面，如何赚钱多，我担心影响大家正常的工作心态。姚总，这一年微商卖面膜啊卖化妆品的影响不大，但是现在好几家据说有风险投资的跨界企业冲进市场，动作蛮大的，我们需要面对这个冲击了。"黛蓝显得忧心忡忡。

"恩，我同意你的看法，黛蓝，谢谢你的提醒。"姚虹说完，一个人思考了一会儿，觉得挑战挺大，所以，还是向 Jacky Lu 汇报了情况。

Jacky Lu 听了姚虹的汇报，显得胸有成竹，反问道："姚虹，你觉得我们应该怎么应对呢？"

"我觉得光是生硬地堵截不是好办法，还是要帮员工看清形势，意识到咱们这里才是真正能挣钱有发展的最佳平台！"

"呵呵，我们的姚总果然成熟老到啦！"Jacky Lu 笑着肯定姚虹。

“谢谢您的认可，不过 Jacky Lu，怎么分析形势，让员工算账比较之后能坚定留在公司，这可要您的智慧啦!”

Jacky Lu 一看是时候了，就开始有理有据地帮姚虹分析：“移动互联网发展的浪潮是大势所趋，我们只有顺应才行，所以，咱们才投资运营了淘商学院和淘点赞等电商平台。实际上，今天员工真正摇摆的原因是对美妆行业消费者的特点和走势看不清楚，担心以后按传统方式挣不到钱。对吧?”

“是的!”这点姚虹也看明白了。

“好，那我们看一看消费行为会发生哪些改变。首先，互联网让信息变得透明和对称了，也就是说今后消费者会越来越明白，靠忽悠欺骗来做生意只有死路一条！有句话说得好：大家好才是真的好。我增加一句：年轻人爱玩的和喜欢的才有未来。未来是年轻人的时代，是体验消费的时代，是自由创意的时代，是自我意识觉醒的时代。那么，消费者会为什么买单呢？为快乐、为情感、为价值买单！也就是说新时代的营销核心在于人与人之间的情感传递和内心归属感的确定。这些上门服务的美妆服务商有符合趋势的优势，也有需要解决的很多执行问题。我们必须有信心和决心迎接一切挑战，甚至主动拥抱挑战!”

姚虹听到这里，真的觉得信心满满，整个人也轻松起来：“Jacky Lu，你说吧，我们怎么做，你指哪我们就打哪!”

Jacky Lu 心里清楚，正是因为有姚虹这样的桥梁，才有企业战无不胜的辉煌：“其实并不复杂，只要我们自己守住专业价值和顾客满意度这两条生命线，什么都冲击不到我们！而且，任何新模式、新平台都可以是我们的帮手。我们始终记住桥梁智慧，在战略上把员工定位成合作伙伴，帮助每一个员工成长和成功是不变的使命！接下来，你和黛蓝几个人商量下，我们要帮助咱们的美妆师不再只是靠剪头发挣钱，而是要帮顾客设计整体形象，不断销售定制个性化的美妆产品、服装、饰品等，赚‘形象医生'的钱。只要顾客喜欢，只要顾客愿意持续买单，我们还怕什么?"

姚虹听了 Jacky Lu 这番话，大受启发和鼓舞，回来后就拉着几个骨干，紧锣密鼓策划美妆师星级服务评定、形象艺术大赛、私人订制圆梦计划等一系列提高美妆师专业水平和收入水平的做法，全员行动，把专业和服务做好，跨界整合高端顾客圈子，灵活借鉴移动终端预约、支付和顾客评价功能，迅速打造了消费 10 万元以上的明星顾客和月收入 5 万元以上的明星美妆师。

HOWMIN 集团迎接互联网浪潮进行跨界整合的发展步伐远不止于此：Jacky Lu 担任董事长的淘商集团继开办多元化微营销大讲堂之后，与百度营销大学强强合作，正式启动"百度营销大学企业培训无锡授权培训中心"，全面助力传统企业网络营销转型；淘商学院各地的创业中心、运营分院雨后春笋般蓬勃而出；更加值得期待的是，淘商集团与整合银行系统，与国内知名互联网企业、品牌厂商、物流平台等战略合作，依托强大的 O2O 电子商务平台，重磅推出淘点赞——一个淘了必点赞的 O2O 商城，六网合一，打造中国美业 O2O 商城第一品牌。

SHOWMIN 集团拥抱互联网的步伐还在继续……

SHOWMIN 集团的"桥梁文化"与"文化桥梁"

一个企业，为什么要有企业文化呢?

一个企业管理者为什么要懂得"核心价值观"的重要性?

一个发展中的企业和个人，我们的行为与结果是从哪里来的?

所有的行为，都是来自于我们的观念，来自于我们的价值观。

一家企业为什么要选择这件事情去做，为什么认为这样做是对或者是错，这些表象的背后来自于这家企业相信和坚守什么样的观念，而这些观念就来自于企业的价值观系统。每家企业都有不同的价值观和追求，有什么样的价值观就会做出什么样的选择和行为，这种选择和行为必然导致某种结果。

可以说，成功的企业，只是通过企业文化把核心价值观建立在成功的规律上了，所以成功了；而失败的企业，只是把核心价值观建立在错误的规律上了。

企业文化学的奠基人劳伦斯·米勒说过，今后的企业将是采用新企业文化和新文化营销策略的公司。

文化必须是那种总的来说支持商业发展和企业家精神成长的文化，了解文化在经济中的作用对于了解不同文化走向经济繁荣的道路至关重要。一个企业的成长过程，甚至一个社会经济发展的过程都伴随着文化的发展过程。就像不同的自然资源会形成不同的市场一样，不同的文化资源也会形成不同的市场。西方培养孩子的方式是培养他们成年以后的冒险精神，这是企业家必备的素质；儒家思想注重长远规划，这可能是一些亚洲社会储蓄率较高的原因之一；非洲部落的血缘关系提供了一张关系网，商人可以通过它获得培训和启动资金。

SHOWMIN 集团的人认识不同文化背景，理性地理解文化在经济发展中的作用并为市场参与者提供新机会，有利于经济增长的文化模式在吸收不同方面的文化因素中形成。

美妆行业外的人们看这个市场是高利润、高回报、进入门槛低，操作也没那么复杂，于是乎化妆品厂家如雨后春笋般迅猛发展。“围城”之论之所以成为经典，就在于墙内与墙外的差异和落差，业内人士一旦进入这一领域，就知道美妆领域是进入简单、成长困难、竞争惨烈、生存不易的市场，每年倒闭、关门的企业成百上千。

因此，面对惨烈的竞争，业内迷茫者大有人在，许多美妆企业，尤其是中小型企业感觉到了重重的压力，无奈地把广告、流通这两种战术无限放大，进而上升为战略层面的高度，指导着一些企业的战略行为。但此举只能救急一时，“做终端累死，不做终端饿死”，“做流通越做越不通”成为困扰这些企业的发展瓶颈。

面对错综复杂的市场这盘棋，SHOWMIN 集团首创的独木成材、大树成林、成人之美的“桥梁文化”，无疑就是自利利他、赢得人心的独特风景。当一个企业管理者觉得自己有社会和时代的责任，愿意全力以赴为社会创造价值，以企业文化为整个社会的主流文化做贡献时，他就会教育影响他的员工，再加上规章制度和内部搭桥的艺术，无数员工就会健康地成长，慢慢地就会成为企业和国家的栋梁之才。

在此基础上，管理者完全可以以身作则，以文化引导，让员工们变成自己的翻版，这样，你一个人自我完善和利益天下的力量就被无限放大，何愁事业做不大?

在 SHOWMIN 集团，员工和顾客是真实的体验者和传播者，桥梁文化是另一种“体验营销”，看似无影无形，实际形神俱备，首先是企业规章制度之外的“好木成材生命力”，其次是目标清晰坚定、攻坚克难、团结一心的“大树造林整合力”，还有心怀大爱、商通天下的“圆梦凝聚力”，可谓进可攻退可守，面面俱到。

为了在知识经济条件下增强企业的竞争力，SHOWMIN 集团十分注意提高企业的整体学习能力和自我造血功能，将 SHOWMIN 集团打造成以“学习型企业”为样本的企业，进行脱胎换骨的升级改造。

在公司日益发展的同时，公司注重以人为本，本着对员工发展负责的态度，培养了近百名的优秀业务干部，而在此基础上形成的 SHOWMIN 集团企业文化，具有较高的起点，可以说 SHOWMIN 集团是站在巨人的肩膀上起步的。正是通过这些符合时代潮流和企业内部自我发展规律的措施，提高了员工的素质，增强了企业的竞争力。

实践证明，凡是优秀的企业，他们都选定了自己的一种模式，而这一种模式都与公司的战略发展和文化一致。成功的企业，一定是靠文化赢得人心，靠“做人”搞好经营，靠职业道德安心定性，靠实干奉献构建百年基业，而不是靠所谓的技巧和小聪明谋利一时。

事实证明，SHOWMIN 集团是这样想的，也是这样做的。

这也许是对 SHOWMIN 集团“桥梁文化”和“文化桥梁”最好的诠释。

经管小秘密

SHOWMIN 集团的“桥梁八条”。

①从上到下自我负责，每个人都是榜样，每个人都是企业形象的代言人。

②做人比做事重要，美好品德是个人和企业成功的基石。

③帮助别人成功就是自己的成功，为社会创造真实的价值才是自己的价值。

④心灵的富足是最大的满足，让自己和他人更加幸福才是最幸福的事情。

⑤产品和服务都是为人服务的，营销是为真正的好产品服务的。

⑥竞争不是为了消灭对手，而是为了彼此更好地成长。

⑦永远记住“上行下效”，随时随地高标准要求自己，领导不是地位是魅力。

⑧幸福企业建设不是长官意志和形式主义，而是“全民皆兵、人人有责”。

桥梁文化润泽天下

“文化”一词源于拉丁文，意思是对土地的耕耘，对作物的培养和及本身的开化与修养。

文化几乎无所不包，一切企业行为都可在文化里找原因。谁拥有文化优势，谁就拥有竞争优势、效益优势和发展优势。文化正成为一个新的企业图腾。

文化让企业更具人性关爱的温情，文化竞争力是企业生命力的最佳体现。企业文化真正影响的是人，企业软实力的核心也是人。企业的竞争，归根结底是人才的竞争，经营企业就是经营“人心”。

文化、核心价值观、管理制度，由里到外，构成了一个企业大家庭中越来越倚重的“软实力”。

世界五百强企业管理演变的历史也证明，那些能够持续成长的公司，尽管它们的经营战略和实践活动总是不断地适应着变化的外部世界，却始终保持着稳定不变的核心价值观和基本目标。

一个企业中所有人的行为，都来自于这个企业背后的文化和观念，来自于这个企业中的核心价值观。核心价值观解决的是商道、人道的问题，强调的是长久发展的规律，是从上到下、虚实结合、符合客观规律的系统建设，能有效帮助企业塑造和传承企业文化，追求并实现企业长久的成功。

谁忽视了企业文化的建设，就极有可能招致必然的涣散和失败。

对于美妆行业的企业来说，文化的影响向内直指人心，渗透影响的是企业成员做人的本分和精神世界的修养，这种作用根深蒂固；而知识技能培训则偏重于教人逻辑计算，理性做事，但是容易被人遗忘；所以，单纯培养利益驱动的刻板学习制度和技术的员工，即使一段时期能够把教条倒背如流，也难以长期自发产生爱岗敬业、无私奉献的行为。

经过 Jacky Lu 多年的实践与思索，他越来越坚信：优秀的企业文化，必定强调以人为本，以顾客为中心，努力服务社会，成就无数人的美好梦想，而根植于中华传统文化和现代管理系统基础上的桥梁文化将受到越来越多的追捧。

什么是企业的桥梁文化？就是全心付出，全力奉献，满足企业发展需求，真正利益大众——这才是做事的根本，才是现代企业的职业精神！只有战胜了自己与生俱来的自私懦弱、好吃懒做、贪图享受等人性弱点，把一种正向的爱的能量随时运用在生活和工作中，懂得“己所不欲，勿施于人”的道理，学会感恩，懂得给予，学会与他人心与心的沟通，才能使员工在情感上依赖于企业，最大限度地凝聚员工力量，产生聚集效应，真正实现高手善搭桥，大树成好林。

21世纪的商业服务企业，应该学会把“自利利他、身心关爱”作为服务主旨，全体员工能够用桥梁文化统一梦想与力量，用小树成材的凌云之志激励自己掌握基础全面的专业知识和技能，用大树成林的协作精神团结一心，不断提升助人圆梦的服务心态和服务水平，关键是把美好的品德和善良本分的人性关怀呈现给广大同事和顾客，读懂人性，尊重人性，人心换人心，如此一来，事业辉煌也就水到渠成了。

这就是文化的力量——个人的能力永远是有限的，要让你的员工变成你的化身，这就是价值观的真正作用。所以，一个企业坚持用桥梁文化建设自己的核心价值观，坚持进行爱心和人文主义、人本主义管理的时候，就形成了形神兼备的大家庭般的系统力量。在企业发达的时候，高素质的团队会茁壮成长造福天下；在企业面临困难的时候，被文化共同滋养的团队照样会攻坚克难、励精图治，这是一个真正有文化的企业的试金石。

我们有理由相信：自利利他爱赢天下的桥梁文化是SHOWMIN集团成功的深层原因，更是推动行业健康发展的强大精神动力，桥梁文化将成为现代企业管理与市场营销理论变革的关键词。

从此以后，在桥梁文化的滋养下，企业管理中的“以人为本”不再是一句空话套话，绩效双赢不再是形式主义，从我做起，让人真正成为人，让企业流淌着道德和社会责任的血液，让中国商业环境绽放善良和谐之美。

具有良好企业文化的企业，员工在工作中是幸福的。事实上，每个人都在寻找自己的幸福，每个人或多或少曾在追求幸福中感到迷茫。2007年，美国著名的健康心理学家戴维·迈尔斯博士经过长年的统计和研究，公布了10条幸福必备要素。

一是健康的身心——这是幸福的基础条件，所以，任何人都应该珍爱健康，善待自己。

二是可实现的目标和期望——这是幸福的内在驱动力。人是向前向上的动物，人生总是有目标可以去挑战和实现的，这种挑战和实现的过程会让一个人体会到有力量的幸福感；当然，幸福感的实现，需要目标和期望的合理性。

三是自尊——这是社会生活中一个人收获幸福的支架。自尊的人才能赢得别人的尊重，自尊的人懂得遵守社会规则，重视人际关系，善于发挥自我价值。

四是掌握自己的情绪——这是实现幸福的基本规则。一个成熟的人才能和幸福和平共处，因为他不会过分地压抑或放纵自己的情绪，他知道不能做自己的主人就会和幸福相悖。

五是乐观坚定——这是人生幸福的源泉。世事无绝对，万事万物都有阴阳悲喜两面，一个人内在乐观坚定，总是看到阳光、美好的一面，心里自然充满喜悦幸福。

六是豁达包容——这是幸福的开阔地。心胸狭窄的人很难幸福，因为幸福需要分享与奉献，懂得包容和传播温暖的人，能够超越个人恩怨得失，才能海阔天空，阳光灿烂。

七是良师益友——对于多数人来说，这是幸福的开心果。孤独的人是可耻的，是没有力量的，是难以收获幸福的。在挫折困难中良师益友会给我们警醒和支持，人生旅途贵人相伴是幸福。

八是好人缘——这是幸福的环境。70%的不幸来自不良的人际关系，得道多助。

九是团队意识——幸福的蓄水池。只有职业化的团队精神才能应对巨大的压力和挑战。

十是有意义的工作——幸福的花冠。人在投入的工作状态最富有激情和正能量，长久的、高能量的幸福感来自掌控、创造，只有在工作中，才能不断自我提升和自我实现。

与上述10条相映照的是，SHOWMIN集团的“桥梁文化”，无疑在致力于打造员工的幸福感!

爱上幸福，你我同行

在快节奏今天，我们普遍遇到了几个比较棘手的困惑：第一个困惑就是我们自己和自己处理不好关系；第二个困惑是我们不能很好地处理家庭、工作和生活中的重要人际关系；第三个困惑是我们人和社会、大自然处理不好关系。其实，产生这些问题的根源，基本都在人们自己的心性修养，在于自己是否能够找到社会关系中的合理位置和规则。管理大师彼得·德鲁克曾经说过：“企业只有一项真正的资源——人。”

企业是为满足员工与社会的需求而存在的，企业经营管理工作以追求和谐幸福为核心指标。

也许企业员工来自四面八方，大家都有着自己的故事与梦想，到底是什么力量让团队在工作中结缘?

不论是投资人、企业管理者，还是普通员工，谁不希望在工作中体现价值活出尊严?谁不希望通过辛勤劳动收获满满的幸福?

员工是为幸福而工作的!

幸福感是人类独有的高贵的心灵感受，让人与人之间超越动物的劣根性更加和谐地存在。

幸福感来源于健康、家庭、事业、经济、精神和责任，每个人都需要考虑这六个方面的平衡。

员工幸福感的实现主要是成才成林，靠勤奋工作，靠造福他人，靠为社会创造自己的价值。

所以，幸福的人们都在工作中成长着奉献着。

不论我们做任何一种工作，其实都是体现自己对他人、对社会的一种存在价值，也就是我们通过自己的技能加工出来的产品和服务，到底帮助别人解决了多少问题的真实利益。这样的工作观，让我们对服务、对爱有了不同意义的理解，它在机械和金钱之上，是对所有生命的慈悲与爱的连接，自利利他，圆润天下，有利于滋养心灵，建设幸福和谐的生活环境。

一个真正有智慧、负责任的企业家，应该致力于提升全体员工的幸福指数，让大家心中有爱有责任，做人有规矩，处事有智慧，快乐工作，幸福生活，齐心协力建设和谐世界与幸福人生！

日本的“经营之神”稻盛和夫把“为全体员工谋幸福，为社会发展贡献力量”作为京瓷公司创业初期设定的追求目标，结果带领团队齐心协力让京瓷成为世界五百强；台湾奇美电子是全球三大液晶电视平板供应商，之所以能在电子产业取得卓越成绩，其独特的企业文化和经营理念“企业是追求幸福的手段”至关重要，奇美的企业目标是要追求“世界第一幸福的人”，这种上下一心的追求化作了员工主动工作的不竭动力。

毫无疑问，桥梁文化已经成为家庭、企业和社会最重要的幸福黏合剂。

SHOWMIN 集团首创的桥梁文化致力于营造和谐的“家园氛围”，帮助广大员工保持身心和谐，提升员工的自我成长水平和主动工作能力，让爱的正能量真诚流淌，使得企业的业绩提升和员工幸福指数提升同步实现！

正像一首歌中唱的：“幸福在哪里，朋友我告诉你。它不在柳荫下，也不在温室里，它在辛勤的工作中，它在艰苦的劳动里。啊！幸福就在你晶莹的汗水里；啊！幸福就在你晶莹的汗水里。幸福在哪里，朋友我告诉你。它不在月光下，也不在睡梦里。它在辛勤的耕耘中，它在知识的宝库里。啊！幸福就在你闪光的智慧里；啊！幸福就在你闪光的智慧里，就在你闪光的智慧里。”

幸福型企业建设十大基本工具

1. 幸福指数测评系统

以幸福指数测评指标体系及相应的专业测评工具为基础，从企业、团队和个人三个层面对价值观、职业素养、团队执行力、服务品质等进行一手调研测评，科学评估测评结果，结合市场与企业实际情况，不断修正提升。

2. 心灵的镜子

利用海报、自助卡、幸福文化知识讲座等多种形式营造文化氛围。通过桥梁文化熏陶和动态监测工具，用“互动角色扮演”“100 天镜中人”两种跟进形式，定期为企业员工进行幸福指数评估并提供个人反馈报告，使企业员工感受关爱的同时，帮助其清楚认识自己当下的幸福指数，并采取针对性的提升措施，从个体层面促进企业员工实现“成才、幸福、高效”。

3. 幸福辅导员

企业可以通过选拔内部志愿者或者外部顾问，设定“幸福辅导员”荣誉岗位，通过“一对一”心理辅导和长期督导工作的形式，帮助企业员工缓解压力、疏导情绪、优化沟通，解决心理困扰，提升积极心理品质，从而使企业员工能够激情工作，进而幸福生活。

4. “爱上幸福”专题讲座

通过培训或讲座的形式，可以外请老师，也可以内部交流，开展以“幸福”为主题的系列学习进修活动，使企业员工从工作和生活的各个方面关注幸福事物与行动，帮助企业员工懂得感恩与孝敬、忠诚，增强学习传统文化和现代心理学实操技巧和方法，帮助企业员工关注自身品德建设与心理健康水平，优化心智模式，提高企业员工的幸福创造力。

5. 幸福加油站

通过幸福辅导员和“爱心信箱”、家园 QQ 群、微博、企业网站、APP（应用程序）等形式，企业员工自发整合，开展各级员工桥梁文化、执行力培训与建设竞赛，共同建设多元化的践行幸福、分享幸福、协作互助的途径。

6. 幸福之家

主要是指幸福型企业用心创造的产品、服务以及企业为了提升员工幸福感而提供的各种物质设施等，是幸福文化的物态表现，主要包括独具特色的员工教室、休闲区、员工食堂、宿舍楼，有条件的可以建立“幸福文化长廊”、幸福日志、幸福影像展等主题功能区间。

7. 爱的行动

主要是指幸福型企业积极倡导的员工在生产经营、学习娱乐活动中所表现的各种行为，包括内部互帮互助、团结友爱、微笑赞美的良好氛围，以及员工在幸福文化的感召下热情高涨，快乐工作，不断创新、奉行孝道、热心公益的良好表现，企业自身可以设立荣誉和物质奖励来进一步鼓励支持正面的爱的行动。

8. 幸福存折

企业中为个人、小组和企业本身设定的“幸福存折”，鼓励日行一善，累积幸福能量。企业本身的“幸福存折”侧重于社会责任承担、公益奉献和为员工谋福利的行为，个人的“幸福存折”侧重于孝敬父母、关爱友邻、点滴善行等。

9. 幸福文化读书会

企业各级员工、顾客成立读书分享俱乐部，定期开展“读好书、讲好事”的沙龙分享活动，可以邀请图书作者、有关专家、普通员工或者顾客灵活担任分享嘉宾，营造幸福文化氛围，推动企业的幸福行动。

10. 幸福文化墙

在企业中运用合理的资源整合，最好动员员工和顾客参与，积极设计建设“幸福文化墙”，用图文并茂的形式，动态宣导传统美德、爱与奉献、职业道德、幸福和谐等主题内容。

一个人能走多远，取决于和谁在一起

美国著名作家麦尔坎·葛拉威尔在《异类》一书中指出：“人们眼中的天才之所以卓越非凡，并非天资超人一等，而是与更加优秀的人们在一起前进，并且付出了持续不断的努力。只要梦想永不熄灭，任何人都能从平凡变成超凡!”

要想超越平庸，要想取得成功，不论在企业中处于哪个工作岗位，都必须志存高远，脚踏实地，必须自律自强，专注专一，努力用超强执行力去换取卓越的成绩！

一个健康有活力的企业，一定懂得建设强调解放文化生产力，从领导干部做起，人人自强做栋梁，我为人人会搭桥，以客户需求和效益为导向，尊重员工和消费者，用心让企业文化落地可见，让文化引导心灵，让心灵支持行动，让一切可预期的量化结果，都可以实现！

SHOWMIN 集团的故事还在继续，我们相信，这些无奈和精彩、疼痛和喜悦、梦想与激情、超越和成功的故事还会不断上演……

后 记

桥梁的春天

2015 年的春天，是“互联网 +”的春天，各种利用网络的创业风行。穿行在中国美妆行业人来人往的人潮中，没有任何征兆，我和陆中浪先生居然一拍即合，以自己都惊讶的效率联合创作了这本书。

此刻，欣慰地浏览着这些凝聚着两个人心血的有温度的文字，发生在两个男人之间的故事重回脑海。

初见陆中浪先生，是参加在杭州举办的第五届中国国际形象节——CIDF人全国美业总裁年会上。当时，我是去领奖的教育工作者，他是形象节组委会主席，自然是颁奖的嘉宾。坦率地说，那时我在嘉宾席上一边和浙江客户交流，一边欣赏着这个男人在台上极具感染力的致辞，真的没想到我们会有什么交集。

第二次见面是在北京举办的全国美妆日化行业科协举办的一次行业会议上，我担任主持，陆中浪先生是分享嘉宾。那一次会后和晚上的饭局上，我们聊得特别默契和深入，彼此增加了了解。

此后某天，我接到了他的电话，单刀直入，讲到已经创作很久的《桥梁》一书需要合伙人，非我不可。说实话，本来我是没有精力和兴趣与别人联合创作并出版一本书的，但是他的表达有着让人很难拒绝的魅力，加上通过了解《桥梁》这本书的定位与风格，我内心深处理想主义的文人梦想被彻底激发出来。于是，我们一拍即合，就《桥梁》的联合创作迅速达成一致，并坚信这本书一定会成为 2015 年具有标志意义的畅销书。

先交代个背景，我从 1999 年进入中国美妆行业，从记者做起，后来担任杂志社社长，自己创办文化公司，写书讲课，做品牌策划和行业资源整合，如今不论是商业模式、企业文化，还是领秀风采，真的不太容易唤起我创作的兴奋和灵感。这几年之所以写出《修炼美好正能量》《男人使用手册》《幸福重建》系列畅销书，聚焦幸福文化和婚恋课程推广，是因为我能够用心倾听自己内心的声音，相信一切营销喧嚣背后的人文精神和幸福指数的提升独具价值！所以，陆中浪先生在带领团队多年奋斗成就事业辉煌基础上提炼的桥梁文化——“我最大的梦想就是成就所有人的梦想”，真正的成功是帮助更多人的成功，这样的理念瞬间走进我的内心，让我愿意自我挑战，与他共同完成这个颇具理想主义的梦想。

当然，一本书的创作绝非易事。从 2015 年的初春开始，我启动了熬夜加班，苦思冥想的疯狂写作模式，疯狂的主要标志是——平常一根烟都不吸的我，要把自己关进书房一段时间，在烟雾缭绕中高速写作。同时，为了充分互补互动，我们两个人之间的电话、微信、邮件沟通是非常频繁的。什么是桥梁文化？桥梁文化对于社会和谐和产业发展、对于企业家、对于职场的年轻人分别具有什么样的积极意义？这些问题真实存在，但是答案却不会从字里行间自己跳出来，需要我安静下来去思考去捕捉，需要我们两个人不断沟通激活。

一个半月后，也就是五一假期前，我应邀走进无锡陆中浪先生创办的中浪国际、轩美尼教育、淘商等企业集团进行考察座谈，并和企业团队的每一个核心骨干进行深度沟通。这次面对面的交流研讨意义重大，我们从《桥梁》这本书的缘起与企业文化谈到年轻人创业、行业使命、社会价值……也就是在这次深度面对面的互动中，一个个鲜活的面孔生动诠释了桥梁的文化精髓，我仿佛被一股神奇的能量不断激荡，兴奋不已。晚上，在酒店房间我一个人梳理访谈笔记，这个时候可谓灵感喷发，《桥梁》这本书终于完成了形神兼具的涅槃。

每个人都是一座桥梁，“小鬼”拆桥，大将搭桥。

每家企业也是一座桥梁，庸者堕落，贤者通达。

在一家有爱有担当的企业里，永远只有一种声音：就是自利利他的正能量的声音！一个人的成功不是靠自己，而是靠很多人；自己的优秀和付出，是为了赢得人心，为了成就更多人！桥梁就是生活工作的美好情怀和善良坚强，就是照耀生命和世界的神奇力量……

陆中浪先生自己就是一座人生与事业的桥梁，他的激情活力与智慧付出无时不刻在影响着身边的人，不论你是员工还是行业同人，哪怕是初识的陌生人，只要他出现在你身边，这种洋溢的正能量就瞬间抵达你心中。如果你不相信他的超强个人魅力，那么就请走进他，10 米范围之内，保证你无处可逃，如果是在千人大课现场，那么他的气场更是强大到无以复加。

成功绝非偶然，在这个儒雅又睿智的企业领航人气定神闲的背后，旗下 20 多家公司朝气蓬勃，事业发展涵盖教育培训、电商、连锁直营、化妆品等领域，改变了成千上万人的命运，尤其是"让全世界的美妆师成为百货店老板"的理念引燃了无数美妆人的梦想。

"解放忙老板，唤醒懒员工"是他发自内心的点睛关键词；"如果你不快乐，是因为你没有让身边人更快乐；如果你不成功，是因为你没有帮更多人成功"，这是我们聊天中迸发出来的都很喜欢的核心提示语。感谢 2015 年春天的信任与奋斗，感谢我们已经互为生命中最重要的桥梁，太多的梦想、激情、感悟与爱都浓缩成文字，团结在这样一本心血之作里。

此刻，面对已经朝夕相处甚至血脉相融的文字，忽然觉得任何语言都很苍白。

此刻，只有一个真心的简单的心愿，想借助这本即将出版的《桥梁》传递给曾经谋面和那些也许永远不会谋面的行业朋友：天助自强者，春种秋收，爱赢天下。

小刀于北京家中
2015 年 7 月 1 日